# MESTRE ECKHART
## "SOFRER DEUS"

JEAN-FRANÇOIS MALHERBE

# MESTRE ECKHART "SOFRER DEUS"

*A Pregação de Mestre Eckhart*

EDITORA SANTUÁRIO
Aparecida-SP

COORDENAÇÃO EDITORIAL: Elizabeth dos Santos Reis
COPIDESQUE E REVISÃO: Mônica Guimarães Reis
DIAGRAMAÇÃO: Alex Luis Siqueira Santos
CAPA: Márcio Mathídios

Tradução de João Paixão

Título original: *Maître Eckhart "Souffrir Dieu" – La predication de Maître Eckhart*
© Les Éditions du Cerf, Paris, 2003
ISBN 2-204-07141-2

**Dados Internacionais de Catalogação na Publicação (CIP)**
**(Câmara Brasileira do Livro, SP, Brasil)**

Malherbe, Jean-François, 1950- .
　　Mestre Eckhart "Sofrer Deus": a pregação de Mestre Eckhart / Jean-François Malherbe ; tradução João Paixão. – Aparecida, SP: Editora Santuário, 2006.

　　Título original: Maitrê Eckhart "Souffrir Dieu": La prédication de Maitrê Eckhart
　　ISBN 85-369-0058-X

　　1. Deus – Existência 2. Eckhart, Meister, ca. 1260-1327? 3. Pregação I. Título.

06-2378　　　　　　　　　　　　　　　　　　　　　　　　　　　　　　CDD-230.2092

**Índices para catálogo sistemático:**

1. Teólogos católicos : Biografia e obra 230.2092

Todos os direitos em língua portuguesa
reservados à **EDITORA SANTUÁRIO** — 2006

Composição, CTcP, impressão e acabamento:
**EDITORA SANTUÁRIO** - Rua Padre Claro Monteiro, 342
Fone: (12) 3104-2000 — 12570-000 — Aparecida-SP.

　Ano: 2010　2009　2008　2007　2006
　Edição: **10**　9　8　7　6　5　4　3　2　1

# Sumário

Lista das abreviações utilizadas ................................................ 7
Prefácio .................................................................................... 11
Introdução ............................................................................... 15

1. *O desapego* ......................................................................... 25
   Renunciar à criação ............................................................ 25
   Desapegar-se de si mesmo .................................................. 30
   Perder Deus ........................................................................ 34

2. *A abertura* .......................................................................... 41
   Obrigar a Deus ................................................................... 42
   Sofrer Deus ........................................................................ 44
   Perder Deus ainda .............................................................. 53

3. *A transfiguração* ................................................................ 57
   A criação revela Deus ........................................................ 57
   A ação exprime Deus ......................................................... 61
   O homem se torna Deus .................................................... 66

4. Os jogos de linguagem de Eckhart ........................................... 71
   As imagens da experiência ................................................. 71
   A negatividade do teólogo ................................................. 77
   A totalização abortada ..................................................... 83

5. A essência de Deus ............................................................. 89
   A geração ...................................................................... 90
   A insondabilidade ............................................................ 94
   A unidade ...................................................................... 97

6. O beijo da divindade ........................................................ 105
   A centelha da alma ......................................................... 105
   A abertura do ser ........................................................... 110
   A divinização do humano................................................. 115

7. A libertação ..................................................................... 119
   Viver como se estivesse morto ........................................ 119
   Ser uma imagem livre de toda imagem .......................... 125
   Ver com o olho de Deus.................................................. 128

Posfácio .................................................................................. 135

Bibliografia............................................................................. 139

**Lista das abreviações utilizadas**
(textos de Eckhart e tradução francesa)

S *x Sermon* x (Ed. J. Quint e trad. J. Ancelet-Hustache que respeita a numeração).

T *y Traité y* (na ordem em que os publicou J. Ancelet-Hustache).

JQ *x y* remete à página *y* do tomo *x* da tradução alemã de J. Quint (W. Kohlhammer).

AH *x y* remete à página do tomo *x* da tradução de J. Ancelet-Hustache (Ed. du Seuil).

PP *x* remete à página *x* da tradução de Paul Petit (Ed. Gallimard).

## Aliança

O sofrimento
tece
a matriz
da
humilde visitação
do outro em mim
que
não pode
compreender,
somente
me deixar
desprender
por aquele que
me concede
acolher
e celebrar
da terra a bondade,
do céu a infinidade,
comunicar
aos místicos esponsais
da luz
e da terra,
participar
da
transfiguração
da
criação.

*(J.-F. M., 1987)*

# Prefácio

> *Será que nós não ouvimos ainda nada do barulho dos coveiros de Deus?*
>
> Nietzsche, *La Gai Savoir*, par. 125

O homem "pós-moderno tirou conseqüências do fato que não existe uma língua universal, não existe uma verdade em se, não existe percepção nem pensamento objetivos. Mas somente "jogos de linguagem", como dizia Wittgenstein.

Mas à primeira vista ele não sabe a que santo recorrer. Os pontos de referência que seus predecessores tinham crido encontrar na natureza, ou no próprio homem, não funcionavam, por isso ele está inclinado a creditar que tudo é relativo "não, grita ele, não existe o ponto de vista de Sírius! Não! Não existe um olhar objetivo. Não! Não existem critérios de verdade universais".

Não existe, portanto, nem Lei, nem Natureza para guiar seus passos. Nada lhe resta como herança a não ser a consciência e o artifício!

Mas, neste caso, o único critério disponível para iluminar suas decisões só poderá ser encontrado na dialética do singular e do universal, própria de cada língua materna e na visão do mundo e dos outros que ela comporta. Mas exatamente: no diálogo, na partilha desta herança com seus semelhantes, eles também herdeiros de visões próprias do mundo.

Nessa perspectiva, sua vocação autêntica seria a de aceitar o "não ser dono da verdade" como estilo de vida, sepultar a vontade de poder, deixar o sujeito transcendental trabalhar dentro do que de mais característico do sujeito empírico. Isto é, definitivamente, confrontar o sofrimento com o estado nativo: lá onde ele dilacera sua existência nos recantos mais sensíveis, lá onde ele lhe lembra que não coincide consigo mesmo, lá onde ele abre nele próprio um ouvido atento ao sofrimento do outro.

Este empreendimento – que é mais propriamente um "desprendimento" (sic) –, continua condenado ao fracasso, claro. Mas o fato de se saber que o Sol não está sendo esperado não tira a beleza do caminho na direção da luz!

Foi dessa caminhada, no século XIV, que um pregador itinerante, professor na Sorbonne e na ordem mendicante de Domingos de Caleruega, nos deixou um testemunho eloqüente. Na aurora da modernidade, na consciência incrivelmente lúcida de um homem de Deus – que alguns consideram como pioneiro da língua filosófica alemã e inventor da subjetividade – formou-se uma sabedoria que continua manifestando sua excepcional fecundidade em um contexto de "pós-modernidade".

Segundo a própria expressão de João XXII, papa em Avinhão, que assinou em 27 de março de 1329, a bula de condenação de 28 artigos "completamente dissonantes, muito temerários e suspeitos de heresia", atribuídos ao Mestre dominicano, seu erro foi o de "ter querido saber mais do que convinha"! Com efeito, Eckhart afirmava tranqüilamente que "não há nada tão escondido que não possa ser descoberto".[1] Mas de que mistério se trata, afinal de contas?

Voltaire deixou escrito que se é verdade que Deus criou o homem a sua imagem e semelhança, este mesmo homem lhe deu o troco! De fato, os homens de Deus criam e, por meio de suas liturgias, mantêm os deuses do homem que não passam de antropomorfismos. Mas, pensando seriamente, não seria o caso de afirmar que se devesse existir um verdadeiro Deus,

---

[1] S 11: AH 1, 117.

este mesmo Deus não se poderia dar a conhecer aos homens a não ser através de imagens de deuses do homem? Afirmar que uma relação com Deus é sempre também uma relação com uma imagem de Deus não prova, portanto, absolutamente, a inexistência de Deus.

É de se ter "perdido" nestes confins do pensamento religioso e de se ter afastado de outros, que a bula de João XXII acusa explicitamente o místico. Mas precisamente: é a "suspensão", na qual Eckhart deixa a questão de Deus, que é condenada.

Sua relação pessoal com Deus alimentava sua vida; disso não se tem a menor dúvida. Mas sua vida consistiu em um longo, paciente e tenaz trabalho de "des-prendimento" em relação a Deus, trabalho este cuja própria existência não prova a existência de Deus, claro, mas manifesta a possibilidade desta mesma existência.

Finalmente, o nascimento de Deus em mim é, ao mesmo tempo, o nascimento para mim mesmo como sujeito. O fato de Deus existir realmente ou de não passar de uma ilusão não vem, portanto, ao caso aqui, e não muda em nada o caminho que leva o Homem para além do homem. É neste caminho que o ateu, o agnóstico e o crente, o budista e o cristão, o judeu e o muçulmano peregrinam de comum acordo.

Eis uma verdade que alguns poderiam achar insuportável mas que fundamenta na realidade a procura milenar da unidade dos homens pela unidade do Homem.

# Introdução

Eckhart nasceu na Turíngia, por volta de 1260, em um dos dois povoados chamados Hochheim. Entrou ainda jovem para os frades pregadores do convento de Erfurt, onde começou os estudos de filosofia e de teologia então em vigor na Ordem dominicana. Foi enviado para continuar os estudos na Colônia, no *studium generale* fundado por Alberto Magno, depois a Paris (1293 – 1294 ). Eleito prior de seu convento de Erfurt, ele volta para lá e depois parte de novo para Paris, onde conquista, em 1302, o título de Mestre em sagrada teologia. Leciona na Sorbonne de 1302 a 1303.

Em 1307, é eleito superior provincial de Saxe. No mesmo ano, é escolhido igualmente vigário geral da Boêmia. O território sob sua responsabilidade se estende desde os Países-baixos até o Nordeste da Alemanha e até Praga. Visita regularmente os 47 conventos de homens e os nove conventos de mulheres que lhe são confiados, percorrendo a pé as distâncias que os separam. Em 1311, o capítulo geral de Nápoles o envia de novo a Paris como *magister actu regens*.

Em 1314, ele se encontra em Estrasburgo como vigário geral do Mestre da Ordem, com jurisdição sobre os conventos de mulheres. Em seguida, ensina teologia em Colônia. É, sem dúvida, por essa época que ele prega seus sermões alemães.

Em 1326, por instigação de Henrique II de Virneburg, arcebispo de Colônia, Eckhart é intimado a responder pela ortodoxia de muitas teses que lhe são atribuídas. É, ao que parece, por essa ocasião que ele declarou: "Posso me enganar, mas não posso ser herético, porque o erro é uma questão de inteligência, a heresia depende da vontade". As preposições incriminadas são extraídas de seus *Sermões* alemães mais ou menos bem transcritos.

Achando que seu processo se arrasta por demais e desliza para querelas de influência, Eckhart parte para Avinhão, acompanhado do provincial da Teotônia e de três "leitores" (professores de teologia na ordem dos Pregadores). Seus juízes não lêem suas obras e se contentam com proposições arrancadas de seu contexto que lhes transmitiu o arcebispo de Colônia. Eles retêm vinte e oito das cem transmitidas por Henrique II de Virneburgo.

Eckhart se defende mal, achando, sem dúvida alguma, que seu processo está perdido. Antecipadamente contenta-se com protestar sua boa-fé quando se chega a ponto de criticá-lo por ensinar teses contidas nas citações de autores criticados por ele. Dos 28 artigos retidos pelos teólogos da cúria, a bula de condenação não retoma senão 17 como heréticos.

Pode-se pensar que Eckhart, desgastado por todas as suas viagens e as duras provas morais que acabava de sofrer, tenha morrido logo após o fim do processo. A data de sua morte é incerta, e igualmente o lugar. Mas uma coisa é certa: Ele morreu antes de 28 de abril de 1328 e tinha 68 anos. João XXII fez, entretanto, questão de informar que antes de morrer Eckhart tinha desaprovado os artigos incriminados, e tinha se conformado com a decisão da sede apostólica.[1]

A questão que orientou minha leitura da obra alemã de Mestre Eckhart é a da relação de Deus com o sofrimento dos homens nos corpos que eles *são*.

Foi a leitura assídua e a meditação dos *Sermões* do Mestre dominicano que me permitiram descobrir nos próprios textos as chaves da interpretação deles.

Fiz o inventário das três chaves maiores que faço questão de mostrar ao leitor tais quais são, pois são elas que determinam, em última análise, a leitura que faço dos textos eckhartianos.

---

[1] Para os pormenores a respeito deste assunto, pode-se consultar: Jeanne ANCELET-HUSTACHE, *Maître Eckhart: Les Traités*, Éd. du Seuil, Paris, 1971, "Indicações biográficas", p. 5 a 33. O texto da bula de João XXII, *In agro dominico*, de 27 de março de 1329, no qual são condenados vinte e oito artigos de Mestre Eckhart, está reproduzido no fim da última edição da tradução de Paul PETIT (Gallimard, Paris, 1987, coleção "Tel", n° 126). – A questão na ortodoxia católica de Eckhart se coloca ainda hoje, pois as autoridades romanas jamais reviram a bula de 1329 ao passo que numerosos historiadores acham que a decisão do tribunal eclesiástico foi tomada baseando-se em um dossiê incompletamente instruído e sem que tenham sido verificadas as citações extraídas dos *Sermões* do Mestre dominicano. Quanto a mim, faço minha a posição expressa pelo padre Raphaël-Louis OECHLIN, op, no *Dictionnaire de Théologie ascétique et mystique* no artigo "Eckhart" (t. IV, 1ª. parte, col. 112-113) publicado em Paris 1960: "É possível considerar a causa como definitivamente julgada e afirmar que a tese da ortodoxia de Eckhart é "absurda"? Isto seria o mesmo que escamotear certo número de fatos. Ora, o historiador deve prestar contas de todos os fatos. É bom precisar aquilo que se quer dizer quando se fala da ortodoxia de um autor. O sentido óbvio é que o ensinamento deste autor está de acordo com a verdade. Mas para julgar este ensinamento, não se pode fazer abstração de certas partes. Ora, se se esclarecem as partes obscuras ou difíceis pelos textos paralelos na obra de Eckhart, deve-se admitir que o conjunto de seu ensinamento é ortodoxo. Que, pelo contrário, para exprimir seu pensamento de uma maneira mais chocante, durante sua pregação, ele empregou certas expressões infelizes e que, tiradas de seu contexto, assumem realmente um sentido herético, está fora de dúvida".

### Primeira chave

> Como uma estrela da manhã no meio do nevoeiro, *quasi stella matutina*. Vamos inicialmente apenas a esta primeira palavrinha "quasi"(sic). Ela significa "como". [...] E este "como" é aquilo que tenho apontado em todos os meus sermões.[2]

A descoberta desta observação foi para mim infinitamente preciosa. Foi nela que reencontrei, com efeito, a expressão de uma estreita conivência com certa maneira de desenvolver o "conhecimento de fé" que eu próprio tinha tematizado em um registro diferente por ocasião de um trabalho anterior.[3] O conhecimento por analogia é um conhecimento "metafórico", um conhecimento transportado de um registro para um outro, do dizível para o indizível. Eckhart, pelas imagens que emprega e pelas correntes de conceitos que utiliza, coloca em cena um universo místico que não nos é acessível a não ser por sua substituição por um discurso derivado, segundo. Esse discurso está alicerçado em expressões que não têm sentido, à primeira vista, a não ser no universo de um discurso primeiro, experiencial, imaginário ou conceitual que nos é familiar e não supõe nenhuma relação necessária com aquilo que é intentado pelo discurso segundo. Daí a pensar que os parágrafos dos *Sermões* e dos *Tratados* são outras tantas aproximações sucessivas na expressão de uma intenção cujo objeto continua inefável, não havia senão um passo a dar; eu o fiz alegremente.

### Segunda chave

> Quanto mais o homem é pobre de espírito, mais ele é desapegado e considera todas as coisas como nada; quanto mais ele

---

[2] S 9: AH 1, 104; PP 128.
[3] "O conhecimento de fé" em: LAURET (B) e REFOULÉ (F), *Initiation à la pratique de la théologie*, Éd. du Cerf, Paris, t. I, 1982, cap. IV, p. 85-111.

é pobre de espírito, mais todas as coisas lhe pertencem e são sua propriedade.⁴

Esta passagem de um sermão pronunciado por ocasião da festa de S. Francisco é, aliás, confirmada por um outro texto extraído das *Instruções espirituais*:

> Na verdade, se um homem abandonasse um reino e um mundo inteiro, resguardando a si próprio, não teria abandonado nada. Sim, e se um homem abandonasse a si próprio, seja lá o que for que ele resguardasse, riqueza ou honra, ou seja lá o que for, ele teria abandonado todas as coisas.⁵

Este enunciado, acrescentado ao precedente, permitiu-me, portanto, articular um à outra o desapego e a propriedade. Tudo está finalmente na maneira. Aquilo que pode ser, em um dado momento do itinerário, um impedimento, pode servir mais adiante para o progresso da alma. Aquilo que me pareceu inicialmente um desprezo da criatura incompatível com a minha convicção (expressa igualmente por Eckhart em determinada ocasião) que:

> Aquele que conhecesse somente a criatura não teria necessidade de meditar sobre um sermão. Porque cada criatura está repleta de Deus e é um livro!⁶

... não é em última análise senão a expressão de uma profunda reserva a respeito de uma relação perversa com a criação. Tudo é uma questão de relação com as criaturas: seja que nosso olhar se atole nelas e elas se tornem sistemas fechados em si mesmos que nos ocultam Deus, seja que nosso olhar tenda para Deus, ilumine as criaturas que ele atravessa e nos faça percebê-los como sistemas

---

⁴ S 72: AH 3, 95.
⁵ AH T 1, 44; PP 161.
⁶ S 9: AH 1, 104; PP 129.

abertos para a alteridade. Uma justa relação com Deus deve, portanto, transfigurar a criação.

### Terceira chave

É a partir deste fundo intimíssimo que deves fazer todas as obras, sem "porquê". Faço questão de dizer: todas as vezes que realizas tuas obras pelo reino celeste, ou por Deus, ou por tua felicidade eterna, quero dizer, por pura exterioridade, tu não és aquilo que deves ser. Podes até ser aceito assim, mas isto não é o ideal. Porque, na verdade, se alguém pensa receber de Deus na interioridade a piedade, a doçura e uma graça particular mais do que perto de seu fogão ou no estábulo, tu não fazes diferentemente se tomasse Deus, se o enrolasse em um manto em volta da cabeça e o obrigasse a ficar sentado num banco. De fato, aquele que procura Deus de acordo com um modo acaba fixando-se no modo e deixando de lado Deus que está escondido no modo.[7]

O místico Eckhart foi um homem de ação. Um "gerente de instituições", diríamos nós hoje. Foi prior de seu convento de origem, prior provincial da Teotônia, vigário geral do Mestre da Ordem em Estrasburgo, pregador encarregado dos conventos de monjas. Infatigável caminhante, não era um homem de escritório.

Não havia neste homem empreendedor e generoso desprezo algum pela ação e, sim, a exigência de que a ação flua de sua fonte em vez de a tapar.

São essas três chaves, acrescentadas às distinções essenciais feitas por Eckhart entre o *homem interior* (der inner mensche) e o *homem exterior* (der üzer mensche) de uma parte e, doutra parte, entre *Deus* (Got) e a *divindade* (gotheit), que permitem a meu

---

[7] S 5b : AH 1, 78; PP 84.

INTRODUÇÃO                                                                 21

juízo ordenar de maneira satisfatória o conjunto das afirmações paradoxais que contêm os *Sermões* e os *Tratados*.

> A esta altura, é bom que saibas o que dizem os Mestres: em cada ser humano existem dois homens diferentes: um deles se chama o homem exterior, e é o ser sensitivo; são os cinco sentidos que os servem [...]. O outro homem se chama homem interior, e é a interioridade do homem.[8]

Eckhart ilustra, em outro lugar, essa distinção por meio de uma comparação:

> Uma porta se abre e se fecha sobre um gonzo. Podemos comparar a prancha exterior da porta ao homem exterior e podemos comparar o gonzo ao homem interior. Ora, quando a porta se abre e se fecha, a prancha exterior vira para cá e para lá; entretanto, o gonzo continua imóvel em seu lugar do mesmo modo. Acontece aqui a mesma coisa, se tu entendes bem aquilo que estou dizendo.[9]

O homem exterior é o homem introduzido em sua rede de relações, em sua vida social, em sua função ou em sua atribuição particular. E o homem em sua existência mundana é o homem que age, persegue objetivo, realiza uma obra, experimenta satisfação nas criaturas; o homem interior, em compensação, é o homem em sua essência singular de filho de Deus, é o homem na identidade profunda e verdadeira.

Mas o próprio Deus conhece essa "diferença ontológica":

> Aquele que privasse Deus de amar minha alma o privaria de sua Divindade, porque Deus é verdadeiramente o amor que é a verdade.[10]

---

[8] AH T 4, 166; PP 24.
[9] AH T 4, 167; PP 25.
[10] S 65; JQ 3, 97; AH 3, 36.

*Deus* é o ser exterior da *divindade,* ele é a divindade tal como o homem a pode conceber. A divindade é a natureza inefável de *Deus.* *Deus* é a divindade tal como a pode considerar o homem exterior. A divindade é o ser íntimo, interior de *Deus* que não se revela a não ser ao homem interior, além de toda meditação, no centro da meditação silenciosa.

Essas indicações, propostas pelos próprios textos, permitem-me fundar uma arquitetura cujo próprio movimento reflete o dinamismo da visão eckhartiana e se desprendem a meus olhos. Pareceu-me, inicialmente, que três temas se reencontram, pelo menos implicitamente, em sermão: a relação com a criatura, a relação consigo mesmo e a relação com Deus. Faço questão de observar em seguida três "fases" que poderiam ser distinguidas na caminhada eckhartiana: uma etapa de *desapego*, uma etapa de *derrubamento* das perspectivas e das interpretações ou etapa da "abertura" e, finalmente, uma etapa de *transfiguração* ou de beatitude na qual a criação, Deus e nós mesmos, nos aparecem em toda justeza e verdade à luz da união da alma com a divindade.

Os três primeiros capítulos desta obra estão, pois, dedicados ao *desapego*, à *abertura* e à *transfiguração*, respectivamente. Entretanto, este corte, que estrutura a primeira vertente desta obra, não deverá iludir ninguém, pois não se trata de etapas sucessivas, mas antes de etapas cumulativas. As primeiras são condições de possibilidade das últimas. E nenhuma etapa é transposta de maneira definitiva. Em outras palavras: nenhuma abertura no caso se dá sem que o sujeito persiga a ascese do desapego; da mesma forma, nenhuma transfiguração se dá sem uma perpétua dilaceração do sujeito, dilaceração esta que exprime o tema da abertura. Decididamente, o sujeito transfigurante/transfigurado já é sempre um sujeito traspassado e sujeito separado.

Esta primeira arquitetura dos temas eckhartianos chama, entretanto, uma reflexão de tipo epistemológico sobre a maneira particular como o Mestre da teologia negativa arranja seu próprio discurso para encenar uma significação diante da qual ele acabam sempre por inclinar-se contradizendo tudo aquilo que acaba de afirmar. O quarto capítulo é consagrado a isso.

A segunda vertente da obra retoma, por assim dizer, a primeira; mas o itinerário dá lugar à sinopse, a caminhada ao ponto de vista, o erro espiritual à síntese mais doutrinal.

Espero ilustrar, assim, a extraordinária pertinência intelectual e espiritual de Mestre Eckhart na problemática ocidental do sofrimento que é, entre todas, aquela na qual Deus e nós parecemos decididamente incompatíveis ao máximo.

# 1
# O desapego

O investigador de Deus é quase sempre estorvado por seus apegos às coisas, seus sentimentos de afeição, suas construções imaginárias. Essas amarras devem ser afrouxadas. Mas a disciplina do desapego não se improvisa. Pratica-se por etapas sucessivas que, juntas, exigem algum tempo.

**Renunciar à criação**

Quanto mais rápido o homem foge das criaturas, tanto mais rápido o Criador corre para ele.[1]

Ninguém possui mais o mundo como coisa particular do que aquele que deixou completamente o mundo.[2]

Seja lá o que for que procuramos nas criaturas, tudo é escuridão.[3]

Aquele para quem não são pequenas e como um nada todas as coisas fugidias não encontra Deus.[4]

---

[1] AH T 4, 170; PP 195.
[2] S 38: AH 2, 52; PP 17.
[3] S 71: AH 3, 76.
[4] S 71: AH 3, 77.

Aqui um mal-entendido deve ser evitado. Com efeito, poder-se-ia perguntar como a obra de Deus, que é a criação, pode afastar-nos dele? Não existe em Eckhart, ao contrário daquilo que poderão ter pretendido alguns intérpretes platônicos, nenhum desprezo da criação, nem mesmo do corpo ou da matéria. Como se verá mais adiante, a união com Deus transfigura a criação! Mas é preciso ir devagar com o andor. Nosso antigo olhar está muito ancorado em nós e é preciso toda uma educação do desapego para se chegar, depois da abertura, a um olhar transfigurado.

Mas como fazer? Como praticar esse desapego?

A primeira etapa consiste em libertar-se da influência dos sentidos e das ilusões da percepção. Escapar dos sentidos consiste em não ser mais afetado por eles. Não que seja preciso arrancar os próprios olhos e as próprias orelhas e sim ver sem olhar, ouvir sem escutar. Não se trata de ser joguete dos sentidos, de não se deixar levar pelos sentidos como cisco de palha pela torrente ou pela tempestade.

Como é de seu costume, Eckhart ilustra seu propósito com comparações muito vivas:

> Nenhum recipiente pode conter duas espécies de veneno. Se ele deve conter vinho, é preciso que se tire dele necessariamente a água. Assim também, se alguém quer receber a alegria divina e o próprio Deus, é preciso necessariamente que rejeite as criaturas.[5]

Por que esvaziar-se alguém desta maneira?

> Porque, quanto mais alguém é solitário, mais esse alguém se pertence.[6]

---

[5] AH T 2, 111; PP 211.
[6] "*Wan ie lediger, ie eigener*" JQ T 2, 299. AH T 1, 87: "quanto mais alguém está despojado, tanto mais este alguém se possui"; PP 196: "quanto mais alguém está vazio, tanto mais é uno".

Com efeito, o ser finito é necessariamente espaço-temporal; ele está disperso no espaço, é alongado na duração. Esse ser finito está sempre, de alguma maneira, fora de si mesmo. Ora, Deus é Uno. Ele não é somente único, mas unificado e unificador. É por isso que:

> Não há nada como o tempo e o espaço para estorvar a alma no conhecimento de Deus. O tempo e o espaço são múltiplos e Deus é um.[7]

> Tudo aquilo que é passado e futuro é estranho a Deus e está longe dele.[8]

E Eckhart insiste:

> É preciso que a alma que deve amar a Deus e à qual ele se deve comunicar esteja completamente despojada da temporalidade e de todo o gosto das criaturas, e que Deus não saboreie nela a não ser seu próprio gosto.[9]

Se é necessário preparar-se deste modo para a vinda de Deus a nós, é porque Deus não pode agir em nós a não ser à medida que nós consentimos isso:

> O fato de o carpinteiro não poder construir uma bela casa com madeira caruncosa não é culpa dele, mas da madeira. O mesmo acontece com a ação de Deus na alma.[10]

Uma outra comparação:

> Eu disse que Deus age à medida que ele encontra uma preparação; [...] disso nós encontramos uma semelhança na natureza:

---

[7] S 68: AH 3, 56; PP 93.
[8] AH T 2, 123; PP 221.
[9] S 73: AH 3, 91; PP 280.
[10] S 38: AH 2, 52; PP 17.

quando acendemos um forno e colocamos dentro dele uma massa de aveia, uma de centeio e uma de trigo, não existe dentro do forno a não ser um único calor e, no entanto, ele não produz o mesmo efeito em todas as massas, mas de uma ele faz um pão saboroso, da outra um outro pão mais tosco e da terceira um outro ainda mais tosco. Não é culpa do calor mas da matéria que não era a mesma.[11]

Tudo se passa como se Eckhart aplicasse a Deus aquilo que se dizia da natureza em outra época: ela tem horror ao vácuo. Eckhart se exprime como se Deus tivesse horror ao vácuo e que, por conseguinte, a melhor maneira de fazê-lo nascer em nós seria a de fazer o vácuo em nós. Mas esse vácuo interior não é somente um vácuo sensorial. É também um vácuo a respeito de nossas preocupações.

Um novo aspecto do ensinamento de Eckhart aparece aqui. Encontrá-lo-emos mais desenvolvido adiante. É o tema da passividade: trata-se menos de exercitar nossa vontade para esvaziarnos ativamente de todo o conteúdo do que de nos deixar esvaziar por Deus que – se nós o deixamos agir – acaba assim por obrigar-se, ele próprio, a nascer em nós. Seu desejo de nascer em nós, poder-se-ia dizer, é infinitamente mais forte que nosso desejo de que ele nasça em nós. Simplesmente é nossa finitude e nosso compromisso na finitude das criaturas que nos dão a possibilidade de opor-nos ao desejo de Deus. Nós resistimos a ele. Nisto está a origem de todo sofrimento. Trata-se simplesmente de desistir de resistir. Este é o caminho da alegria. Trata-se de não fazer nada, de "sofrer Deus".

"Sofrer Deus." A expressão é bela mas continua sendo enigmática. "Sofrer" significa experimentar ou sentir dor, agüentar uma provação, padecer, suportar, mas também tolerar, não sentir aversão, permitir, admitir. "Sofrer Deus" é, parece, tudo isto ao

---

[11] AH T 4, 168; PP 25-26.

mesmo tempo. É sofrer resistindo a ele, ainda que o motivo desse sofrimento não nos seja claro. É padecer por causa de nossa auto-suficiência, do nosso compromisso com as criaturas finitas. É também tolerar a ação de Deus, permitir seu desejo e, finalmente, deixá-lo nascer em nós.

Mas a ociosidade na qual se recomenda que a pessoa permaneça é radical. Ela leva mesmo até os nossos desejos mais legítimos:

> O coração puro e desapegado está libertado de todas as criaturas. É por isso que ele está totalmente submisso a Deus; por isso ele está na suprema conformidade com Deus e totalmente acessível ao influxo divino.[12]

"Estar na suprema conformidade com Deus"; assim traduz Paul Petit: "Não formar senão uma forma com Deus". Eckhart parece transpor aqui para sua língua uma distinção aristotélica retomada por Tomás de Aquino: a distinção entre forma e matéria. A matéria é o princípio de individuação, de multiplicidade. A forma é o princípio essencial, o princípio de unidade. Poder-se-ia, sem dúvida alguma, traduzir isso da seguinte forma: ser da essência divina, ser da mesma essência que Deus, ser da essência de Deus. Eckhart parece assim comparar Deus com escultor que "transforma" uma matéria, que lhe confere, por seu trabalho, uma forma que ela não tinha.

Eckhart ousa mais ainda, levando a lógica de sua expressão até o paradoxo:

> O desapego tende para um puro nada [...], no qual Deus pode agir em nós inteiramente a seu modo.[13]

> Todo o nosso ser não está fundado em outra coisa a não ser no aniquilamento (de tudo aquilo que não é em nós essencial).[14]

---

[12] AH T 4, 170; PP 27.
[13] AH T 4, 167; PP 25.
[14] AH T 1, 85; PP 195.

Podemos, assim, recapitular este primeiro movimento ligando-o ao segundo. Com efeito, a causa profunda do amor da criação não é outra senão o amor de si.

> Todo amor a este mundo está edificado sobre o amor a si mesmo. Se tu tivesses abandonado este último, terias abandonado o mundo inteiro.[15]

### Desapegar-se de si

Renunciar ao amor próprio é renunciar ao mundo inteiro. É por isso que o desapego do mundo criado não é possível, a não ser como conseqüência de um desapego mais radical ainda, que consiste em se livrar do próprio eu:

> É por isso que um homem bom deveria ter grande vergonha de Deus e de si mesmo quando constata ainda que Deus não está nele, que Deus Pai não opera suas obras nele, mas que a miserável criatura vive nele, determina sua inclinação e opera nele suas obras.[16]

A criatura que é mais difícil de deixar é a própria pessoa, principalmente porque a pessoa está persuadida de que é esse *eu* que *se* desliga da criação. Mas trata-se de um erro grosseiro. Esse erro é inevitável; é por isso que, tendo-o cometido, é preciso reconhecê-lo e tentar livrar-se dele.

> Na verdade, se um homem abandonasse um reino e o mundo inteiro e conservasse a si próprio, ele não teria abandonado nada. Isso mesmo. E, por outro lado, se um homem abandona-se a si mesmo, seja lá o que for que ele conserve, riqueza ou honra, ou seja lá o que for, ele teria abandonado todas as coisas.[17]

---

[15] S 6: AH 1, 85; PP 108.
[16] AH T 1, 104-105; PP 206.
[17] AH T 1, 44; PP 161.

Renunciar à criação é uma etapa importante. É a principal etapa neste caminho. Mas na verdade aquilo a que é chamado o peregrino é a se separar de seu compromisso na finitude do criado. É o envergamento de seu *eu* na criação que o estorva, pela criação em si mesma.

O mesmo acontece com as obras do *eu*:

> Todo o apego a uma obra qualquer te arrebata a liberdade de estar à disposição de Deus neste momento presente.[18]

Nossos melhores projetos nos afastam do essencial à medida que continuam sendo **nossos** projetos:

> O obstáculo és tu mesmo nas coisas: tua posição diante das coisas está às avessas. Coloca, portanto, a alavanca em ti mesmo e deixa-te a ti mesmo! Porque, na verdade, se não foges em primeiro lugar, ou se foges, encontrará sempre impedimento e perturbação.[19]

Mas, afinal de contas, o que eu deixo quando me deixo? Eckhart responde de maneira muito nítida por uma sugestão de método:

> Toma conta de ti mesmo e, lá onde te encontras, desiste de ti mesmo; é a melhor coisa que podes fazer.[20]

Entendamo-nos: aquele que quer conhecer a Deus deve desapegar-se de si mesmo visto que ele próprio é um obstáculo à

---

[18] S 2: AH 1, 53; PP 270.
[19] AH T 1, 44; PP 161.
[20] *"Nim dîn selbes war, und swâ dû dich vindest, dâ lâz dich; daz ist daz aller beste"* JQ T 2, 196; AH T 1, 45: "Vigia-te a ti mesmo é lá onde te encontras, abandona-te: isto vale mais do que tudo"; PP 162: "Vai à procura de ti mesmo e lá onde te encontras, deixa-te! É o que há de mais salutar".

ação de Deus, à medida que resiste a Deus. Não é senão pelo conhecimento aprofundado de suas próprias resistências exteriores à vinda do ser interior que o ser humano pode progredir no conhecimento de Deus:

> O homem deve acostumar-se a não procurar nem a querer em nada seu próprio bem, mas a encontrar e perceber a Deus em todas as coisas.[21]

É preciso, pois, despojar-nos com aplicação de nosso eu e de todas as outras criaturas. E despojar-nos de nós mesmos, é, principalmente, desapegar-nos de nossa vontade e de tudo aquilo que, objeto ou projeto, podemos querer:

> Do mesmo modo, nada faz realmente o homem senão a renúncia a sua vontade. Na verdade, sem esta renúncia da vontade em todas as coisas, não realizamos realmente nada diante de Deus.[22]

Trata-se da renúncia **da** vontade e não **à** vontade. Com efeito, se se tratasse de renunciar à vontade, isto seria ainda obra da vontade; na realidade trata-se de se deixar livrar de sua própria vontade. Trata-se realmente de uma morte e de uma morte à qual não é possível consentir progressivamente. Trata-se de uma morte por assim dizer brutal (cuja violência aparecerá claramente no próximo capítulo dedicado à "abertura"). É bom notar, entretanto, que não se trata de um suicídio da vontade, porque isto seria ainda um ato da vontade; trata-se de se deixar submergir, de se abandonar à força infinita de uma vaga, de desaparecer num mar sem fundo. Quer dizer, trata-se de abandonar tudo sem conservar nem a sombra de uma única partícula de seja lá o que for! Em

---

[21] AH T 1, 78; PP 189.
[22] AH T 1, 57; PP 172.

outras palavras: somente os verdadeiros pobres podem conhecer a Deus. Mas o que é um verdadeiro pobre?

> Um homem pobre é aquele que não quer nada, que não sabe nada e que não tem nada.[23]

Renunciar àquilo que *possuímos,* desapegar-nos daquilo que *sabemos*, deixar-nos desligar daquilo que *queremos*. Em poucas palavras, morrer ao nosso ser exterior que estorva nosso ser interior, tornando-o opaco à luz que emana de Deus e transfigura todas as coisas. Eis o itinerário que propõe Eckhart: itinerário austero, rigoroso, interminável certamente, mas itinerário de libertação, sem dúvida alguma. Aquilo que o Mestre combate é a dualidade. A dualidade profunda do humano, cuja duplicidade não é senão um sintoma menor. A dualidade que está na origem de seu sofrimento na existência. A dualidade de seu ser, ao mesmo tempo interior e exterior. Mas também a dualidade entre Deus e o homem. É longe de toda dualidade que Deus nasce na alma e a alma em Deus:

> Tu deves amá-lo à medida que ele é Um não-deus, Um não-intelecto, Uma não-pessoa, Uma não-imagem. Mais ainda: À medida que ele é Um puro, um ser puro, claro, preservado de toda dualidade. E é neste Um que devemos abismar-nos eternamente, longe do Algo e do Nada.[24]

"Longe de toda dualidade", eis a palavra de ordem eckhartiana. Não podendo a não-dualidade jamais ser alcançada pela sufocação do homem interior sob as espertezas do homem ex-

---

[23] S 52: AH 2, 145; PP 135.
[24] Esta é a minha tradução de: "*Du solt in minnen, als er ist Ein nit-got, Ein nit-geist, Ein nit-persone, Ein nit-bilde. Mer: als er ein luter pur clar Ein ist, gesundert van aller zweiheite, und in dem einen sûlen wir ewiklich versinkem von ihts zu nihts*" S 83 : JQ 3, 448; AH 3, 154; PP 133.

terior, o caminho da não-dualidade não pode ser outro a não ser o caminho da renúncia ao ser exterior herdado de nossa história, seu aniquilamento, sua redução à transparência do ser interior.

Só o consentimento no ser interior abre caminho para a não-dualidade.

O silêncio é, portanto, o caminho real do conhecimento de Deus. Calar-se é, com efeito, a única maneira de se libertar do "não", da negação e da recusa, e de deixar, assim, retomar no não-discurso tudo aquilo que carrega o discurso.

**Perder Deus**

Deixar-se desapegar de todo ser criado. Deixar-se desligar, por conseqüência, de seu próprio ser. São estas as etapas que balizam o caminho para Deus.

Mas para onde, para quem leva esse caminho? Se adivinhamos o preço do desapego a respeito das criaturas, e da renúncia a si mesmo, que sabemos nós do fim para onde nos conduz esse caminho de morte a nós mesmos, esse itinerário de despojamento de nosso ser exterior?

Poderíamos contar com aquilo que o místico nos fala de Deus. E, com efeito, em alguns de seus sermões ele evoca isto com termos próximos da linguagem escolástica mais crítica:

> Se alguém me perguntasse quem é Deus, eu hoje responderia assim: Deus é um bem que persegue com seu amor todas as criaturas, a fim de que elas próprias o persigam por sua vez, de tal forma é deleitável para Deus ser perseguido por suas criaturas.[25]

---

[25] S 63: AH 3, 27.

Dito de outra forma:

Deus é uma totalidade sem totalidade.[26]

Mas, mesmo aqui, e apesar das aparências, Eckhart continua sem concessão, pois mesmo a doutrina mais sutil é tosca quando se trata de Deus:

> Se a alma contempla Deus na qualidade de Deus, enquanto é ele imagem, ou à medida que ele é trinitário, existe nela uma insuficiência. Mas quando todas as imagens da alma são descartadas e ela contempla somente o único Uno, o ser despido da alma descobre o ser despido sem forma da unidade divina que é o ser superessencial que repousa impassível nele mesmo. Ah! Maravilha das maravilhas, que nobre sofrimento existe no fato de não poder o ser da alma sofrer outra coisa a não ser a única e pura unidade de Deus![27]

A ausência de forma na relação indica a comunhão sem fusão, a união mútua sem confusão, das quais nossos amores humanos, mesmo os melhores, não representam a não ser efêmeras antecipações.

Eckhart tem em vista a mesma realidade quando utiliza fórmulas apofáticas:

> Notai-o bem! Deus é sem nome, pois ninguém pode falar dele nem compreendê-lo. [...] Se digo: Deus é bom, isto não é verdadeiro. Eu sou bom, mas Deus não é bom. Eu diria antes: Sou melhor do que Deus. Isto porque aquilo que é bom pode tornar-se melhor, e aquilo que pode tornar-se melhor pode tornar-se o melhor de tudo. Ora, Deus não é bom, é por isso que não pode

---

[26] Esta é a minha tradução de: *"Got ist ain al on al"* S 63: JQ 3, 82. AH 3, 29 traduz : "um todo sem totalização", mas não vejo no alemão a idéia de processo.
[27] S 83: AH 3, 151; PP 130.

tornar-se melhor e, porque ele não pode tornar-se melhor, não pode tornar-se o melhor de tudo, porque ele está acima de tudo. Se digo além disso: Deus é sábio, isto não é verdadeiro, pois eu sou mais sábio do que ele. Se acrescento: Deus é um ser, isto também não é verdadeiro. Ele é um ser supereminente e um Nada superessencial.[28]

Aquele que dissesse que Deus é bom falaria tão mal dele como se dissesse que o sol é negro.[29]

Em poucas palavras:

> A bondade é uma veste sob a qual Deus se esconde.[30]

Se somos bons, podemos tornar-nos melhores. Se podemos tornar-nos melhores, nosso futuro na bondade é sem fim. E podemos tornar-nos o melhor. Porque não seria senão por um abuso de linguagem, baseado numa espécie de passagem ao limite, que esta qualificação poderia ser aplicada a Deus. Deus está ainda além desta extrapolação hiperbólica. Estas categorias não lhe dizem respeito, ainda que não possamos evitar usar delas para falar (mal) dele.

Deus é, portanto, incognoscível. E a enunciação desta verdade é, ao mesmo tempo, a enunciação de um erro, pois ela enuncia *algo* de Deus. O sermão 71 é um daqueles nos quais Eckhart desenvolveu o mais claramente possível este paradoxo:

> Deus é sem nome. Se a alma lhe tivesse dado um nome, ela estaria forçada a uma determinação. Deus está acima de todo o nome, ninguém pode chegar a designar Deus.[31]

---

[28] S 83: AH 3, 152; PP 131.
[29] S 9: AH 1, 102; PP 125.
[30] S 9: AH 1, 103; PP 127.
[31] S 71: AH 3, 77.

É por esse motivo, aliás, que Eckhart é levado a conduzir um discurso "explicitamente paradoxal" sobre Deus:

> Ele vive o nada, era Deus! Deus é um nada e Deus é um algo. Aquilo que é algo é também nada. Aquilo que Deus é, ele o é absolutamente. [...] Se alguém vê algo ou se algo se introduz em teu conhecimento, não se trata de Deus pela razão que ele não é nem isto nem aquilo.[32]

E ainda:

> Por mínimo que seja, por mais puro que seja aquilo pelo qual conheço Deus, isto deve ser descartado. E mesmo se tomo a luz que é realmente Deus, à medida que ela toca minha alma, isto não é como devia ser. É preciso captá-la em sua manifestação repentina. Eu não poderia realmente ver a luz que brilha sobre o meu muro se não voltasse os olhos para lá donde ela jorra. E, mesmo neste caso, ainda que eu a perceba lá de onde ela jorra, é preciso que eu esteja libertado desta manifestação repentina; devo percebê-la tal como ela plaina em si mesma. Mesmo nesse caso, ouso dizer que não devia ser assim. Não convêm que eu a capte nem em seu contato nem em sua manifestação repentina nem quando ela plaina em si mesma, pois tudo isto é ainda um modo. É preciso captar Deus como um modo sem modo, como um ser sem ser, pois não existe no caso nenhum modo.[33]

Em poucas palavras, o verdadeiro conhecimento de Deus é um conhecimento que, rigorosamente falando, não é uno! É um "conhecimento" impossível como o conhecimento, pois todo conhecimento supõe alguém que conhece e algo que é conhecido, um sujeito é um objeto e que o "conhecimento" de Deus deveria ser um conhecimento sem dualidade, quer dizer, um co-

---

[32] S 71: AH 3, 77-78.
[33] S 71: AH 3, 80.

nhecimento sem a relação sujeito-objeto, um não-conhecimento. Eckhart, a seu modo, reconhecia tudo isso:

> Se o conhecimento de Deus acontece nesta luz, ele deve ser garantido e encerrado em si mesmo sem a intervenção de nenhuma coisa criada. Nesse caso, conhecem a vida eterna sem nenhuma mediação.[34]

Eis a razão pela qual:

> Se conheço em Deus todas as criaturas, nada conheço![35]

Tive de fugir da criação, renunciar a mim mesmo. E eis que sou levado a fugir de Deus por causa de Deus! A fugir até o último limite em que meu discurso de homem me podia levar a respeito de Deus. É preciso que eu fuja definitivamente do próprio indizível. Porque é "indizível", ele também procede do *não* e marca minha heteronomia, minha não-libertação a respeito do *não*, minha enfeudação à dualidade.

Como de costume, o místico dominicano, para se fazer compreender, dá livre curso a sua imaginação:

> Quando a alma chega ao Uno e nele penetra em uma total rejeição de si mesma, ela encontra Deus como em um nada. Parecerá em sonho a um homem – tratava-se de um sonho acordado – que ele estava grávido do nada como uma mulher está grávida de um bebê, e, neste nada, Deus nasceu: ele era o fruto do nada. Deus tinha nascido no nada.[36]

---

[34] S 71: AH 3, 79.
[35] " Sô ich alle crêatûren in gote bekenne, sô enbekenne ich niht." S 71: JQ 3, 225; AH 3, 78 traduz "Se eu conhecesse em Deus todas as criaturas, eu as conheceria como nada", o que não me parece falso mas menos claro que o texto original onde não se descobre nenhum "como".
[36] S 71: AH 3, 78.

Mas imagens como estas não devem iludir. Elas jamais passam de outros tantos "quase", de outros tantos "como se". O próprio Eckhart, com sua ironia habitual, afasta-se delas:

> Cala-te e não vociferes contra Deus, porque se vociferas contra ele, mentes e cometes pecado. Sequeres ser sem pecado e perfeito, não vociferes contra Deus. Não deves do mesmo modo querer compreender algo a respeito de Deus, pois Deus está acima de todo o entendimento.[37]

Ele conclui observando que o "conhecimento" de Deus é uma verdadeira pobreza, talvez até a verdadeira pobreza que, somente ela, vale a pena possuir:

> Dizemos, portanto, que o homem deve estar quite com Deus e desprendido dele, de maneira que não saiba nem conheça a ação de Deus nele; só deste modo pode o homem possuir a pobreza.[38]

Este "empreendimento" é um dos mais difíceis. Sua dificuldade, entretanto, não é daquelas que possamos temer: trata-se menos de realizar grandes coisas que de se deixar pacientemente desligar-se, por obra de Deus, daquilo que, tanto em nosso interior como em nosso exterior, constitui um obstáculo para o nascimento de Deus em nós. Eckhart, aliás, não deixou faltar a ocasião de reconhecer esta dificuldade, sublinhando a alegria que acarreta um itinerário deste tipo:

> Ninguém deve pensar que é difícil chegar até aí, embora [...] isto pareça difícil e enorme. É bem verdade que no começo o desapego é um pouco difícil, mas quando se avança nele, jamais uma vida é mais fácil nem mais alegre nem tampouco mais amável, sen-

---

[37] S 83: AH 3, 152; PP 131.
[38] S 52: AH 2, 147; PP 137.

do que Deus se aplica muito para continuar constantemente junto do homem e instruí-lo, para conduzi-lo para aí, se o homem quer realmente segui-lo, jamais alguém desejará o que quer que seja do mesmo modo que Deus deseja levar o homem a conhecê-lo. Deus está disposto a isto o tempo todo, mas nós estamos muito pouco dispostos. Deus está próximo de nós, mas nós estamos muito longe dele. Deus está no interior, mas nós estamos fora, Deus nos é íntimo, mas nós lhe somos estranhos.[39]

Deixar-me despregar da criação, deixar-me desprender de mim mesmo, deixar dissolver minhas representações de Deus, estas são as condições do nascimento de Deus na alma e do nascimento da alma em Deus. O mais belo gesto da alma com respeito a Deus é, portanto, para usar um vocabulário diferente daquele de Eckhart, o de "matar" Deus. É matando Deus, deixando-se levar pelo maremoto provocado pela morte de Deus.

---

[39] S 68: AH 3, 57.

# 2
# A abertura

> Digo-o em boa verdade e em eterna verdade e em perdurável verdade: em todo homem que "renunciou" fundamentalmente *(gelâsen)*, é preciso que Deus se derrame totalmente de acordo com seu poder, tão completa e absolutamente como em toda a sua vida, nem em todo o seu ser, nem em sua natureza, nem em toda a sua Deidade; ele não reserva para si nada daquilo que deve absolutamente derramar em fecundidade no homem que se "abandonou" em Deus e ocupou o lugar mais baixo. Digo-o em boa verdade e em eterna verdade e em perdurável verdade: [...] esse âmago é um simples silêncio, imóvel em si mesmo, e é por causa desta imobilidade que todas as coisas são mudas, e são concebidas todas as existências que os viventes dotados de intelecto são em si mesmos.[1]

O silêncio não é o aniquilamento do ser, mas seu fundamento. A imobilidade não é o aniquilamento do movimento, mas seu fundamento. A renúncia ao ser exterior, à palavra, ao movimento abre o campo para a presença ativa de Deus, que confere sua verdadeira densidade ao ser interior cuja divindade é a única a instituir a verdadeira palavra no silêncio e o verdadeiro movimento

---

[1] S 48: AH 2, 112-114; PP 120-122.

na imobilidade. Estas teses paradoxais, tão caras ao místico dominicano, não podem ser compreendidas a não ser para nos dar "abertura", cuja significação o presente capítulo espera elucidar.

## Obrigar Deus

Quando o homem aceita não mais se preocupar com a obra que dinamiza sua existência, Deus descansa. Não, claro, pelo menos num primeiro momento, para realizar a obra projetada pelo homem no mundo, mas para realizar sua própria obra no homem por ele criado:

> Quando o homem sai de si mesmo, na obediência e renúncia, Deus fica, de certa forma, obrigado a entrar nele, isto porque se este homem não quer nada para si, Deus deve desejar para este homem aquilo que deseja para si mesmo.[2]

> É necessário, portanto, que Deus se dê a um coração desapegado.[3]

Estes enunciados parecem indicar que são os apegos do homem às criaturas, a si mesmo e às imagens de Deus que estorvam a obra de Deus no homem. Nós não podemos fazer nada por nós mesmos para caminhar para Deus. Basta-nos não impedi-lo de vir a nós. À medida que ignoramos o caminho que nos conduziria a ele, nesta mesma medida Deus conhece o caminho que o conduz a nós:

> É muito mais nobre forçar Deus a vir a mim do que eu forçar ir até Deus, pois Deus pode mais intimamente inserir-se em mim e unir-se a mim mais do que eu posso unir-me a Deus. [...] é o desapego que obriga Deus a vir a mim.[4]

---

[2] AH T 1, 41-42; PP 159.
[3] AH T 4, 161; PP 20.
[4] AH T 4, 160-161; PP 19.

É a ele que compete a iniciativa que tomou desde todo o sempre de procurar nascer em nós. E somos nós, os homens, que o impedimos de realizar seu desígnio. Somos como uma argila demasiado seca entre as mãos do oleiro; friáveis, nós não nos deixamos polir nem plissar como ele gostaria. Recusamos a água que nos tornaria plásticos. Como velhos odres de couro que não conhecem mais a cera, nós quebramos e nada podemos mais receber nem guardar.

De onde provém esta disposição contrária que nos marca? *"Unde malum?"*, perguntava já Agostinho que não podia responder a isto a não ser constatando *"Iam mali erant!"* De onde vem o mal? Porque sempre houve maus! A origem do mal continua oculta e obscura.

Eckhart, pelo que sei, não procura identificá-lo. Em compensação, ele analisa a presença do mal em nós: a dualidade, em cada um de nós, do ser exterior e do ser interior, dualidade esta que é, sem dúvida, um outro nome para aquilo que os cristãos chamam de pecado original, este mal que contra a vontade transmitimos de geração em geração por meio dos mecanismos aparentados à violência mimética descrita por René Girard.

Em última análise, pouco importa a origem do mal. O que conta é quebrar a cadeia infernal deste mesmo mal, romper o círculo vicioso da violência. A respeito disso, Eckhart nos dá algumas preciosas indicações. Ele nos sugere, com efeito, como notamos páginas atrás, a aprender a conhecer em nós seu modo de ação, pô-lo a descoberto, desdobrá-lo em toda a sua extensão, porque não podemos pôr de lado a não ser aquilo que aprendemos a conhecer. Vai à procura de ti mesmo e quando te tiveres encontrado verdadeiramente, abandona a ti mesmo!

A segunda indicação que nos dá Eckhart a respeito da luta contra o mal é a seguinte: não resistir a ele, não negá-lo, reconhecê-lo, sofrê-lo. Este é o caminho da libertação. Ninguém se espantará, portanto, com o fato de ter o Mestre dominicano se tornado uma das maiores autoridades espirituais ocidentais aos olhos dos budistas zen. Só o silêncio, apesar do mal, abre a Deus o espaço de sua vinda ao homem:

Realmente é assim: o espírito tornado livre, em seu desapego, ele, de certa forma, obriga Deus a vir a ele.[5]

## Sofrer Deus

"Sofrer Deus" poderia ser considerado como o ícone do pensamento eckhartiano. Mas este ícone tem duas faces: uma feita de sofrimento, a outra de confiança. É a articulação das duas que pode sugerir da melhor forma possível aquilo em que consiste a "abertura":

> Todo sofrimento provém do amor que se tem por aquilo do qual nos priva sua perda.[6]

É, sem dúvida, este o motivo pelo qual Eckhart julga que:

> O animal mais rápido de todos e que nos conduz a essa perfeição é o sofrimento.[7]

O sofrimento, com efeito, nos mostra com o dedo esses entraves que nos atam e aos quais estamos tão presos. Nosso sofrimento provém de um erro prático que consiste em identificarnos com nossas resistências, nossas impaciências, com o nosso ser exterior, ignorando a realidade autêntica de nosso ser interior, negando a diferença ontológica que os separam e nos opõe a nós mesmos:

> Sequeres realmente saber se teu sofrimento é de ti ou de Deus, tu o reconhecerás assim: se o sofrimento vem de ti, seja lá qual for seu modo, este sofrimento te faz mal e é difícil de suportar.

---

[5] AH T 4, 163; PP 22.
[6] AH T 2, 101; PP 204.
[7] AH T 4, 171; PP 28.

Mas se tu sofres por Deus e por Deus somente, este sofrimento não te faz mal e não te é penoso, pois é Deus que carrega o fardo. Na verdade, se existisse um homem que quisesse sofrer por Deus, unicamente por Deus somente, e se todo o sofrimento que todos os homens até hoje suportaram e que sofrem atualmente, o mundo inteiro se abatesse sobre ele, isto não lhe faria mal algum e nem por isso lhe seria penoso, porque Deus é que carregaria o fardo [...]. Embora o homem sofra por Deus e por Deus somente, Deus lho torna fácil e suave.[8]

É nesse ponto que não é paradoxal a não ser aparentemente, que o místico turíngio esclarece o mistério da Cruz:

Digo-o: "Deus conosco na dor", ele próprio sofre conosco! Na verdade, quem conhece a verdade sabe que eu estou dizendo a verdade: Deus sofre com o homem, isto mesmo (a seu modo) incomparavelmente mais do que aquele que sofre por ele.[9]

Esta afirmação vai contra nosso senso comum. Ela contém, entretanto, uma indicação preciosíssima: se falar de Deus pudesse ter algum sentido, seria preciso dizer que Deus continua sendo imperfeito enquanto subsiste no homem alguma dualidade. E tal dualidade subsiste enquanto o homem se agarra ao engodo de seu ser exterior, correlativo do esquecimento de seu ser interior.

É por isso que Deus sofre incomensuravelmente mais que o homem com o sofrimento do homem, no qual ele ainda não pôde nascer, que resiste a ele:

Se, portanto, Deus sofre antes que eu próprio sofra e se eu sofro por Deus, na verdade todo o meu sofrimento se torna facilmente para mim consolação e alegria, por maior que seja e por múltiplo que seja.[10]

---

[8] AH 1, 55; PP 272.
[9] AH T 2, 128; PP 226.
[10] AH T 2, 129; PP 227.

O que significa "sofrer Deus"? Não é, de forma alguma, praticar uma forma qualquer de masoquismo que agradasse a um Deus sádico. Não é de forma alguma expiar faltas que jamais cometemos, nem mesmo aquelas que nos seriam imputáveis. É, antes de mais nada, reconhecer que a inevitável parte de sofrimento que comporta minha existência e o sinal de minha resistência a deixar Deus nascer em mim, é a conseqüência da recusa na qual mantenho retido meu ser interior. É, em seguida, aceitar ser trabalhado pelo sofrimento de um nascimento em mim, sepultando o homem antigo e revestindo-se do homem novo. É, finalmente, facilitado o trabalho de Deus em mim, que me desapega das aderências não essenciais de minha existência. "Sofrer Deus" é viver o momento catártico, é sofrer a "abertura" do interior no exterior, da essência na existência, é tornar-se filho de Deus:

> Tudo aquilo que o homem bom sofre por Deus ele o sofre em Deus e Deus sofre com ele, sofrendo em seu sofrimento. Se meu sofrimento está em Deus e se Deus sofre comigo, como é que o sofrer pode ser para mim um sofrimento, se o sofrer perde seu sofrimento e se meu sofrimento está em Deus e se meu sofrimento é Deus? Na verdade, do mesmo modo que Deus é a verdade e lá onde eu encontro a verdade encontro meu Deus que é verdade, assim também do mesmo modo, nem mais nem menos, quando sofro um sofrimento unicamente por Deus em Deus, eu encontro meu sofrimento na qualidade de Deus.[11]

Eckhart recorre aqui à imagem do nascimento para ilustrar seu propósito:

> O homem tem dois nascimentos: um no mundo, outro fora do mundo, quer dizer, espiritual em Deus. Queres tu saber se teu filho nasceu e está desnudo, que dizer, se tu te tornaste Filho de

---

[11] AH T 2, 131; PP 228.

Deus? Durante todo o tempo que sofres em teu coração por qualquer coisa que seja, ainda que fosse pelo pecado, teu filho não nasceu. Se teu coração sofre, tu não és mãe, tu estás ainda no parto, próximo do nascimento.

O filho nasceu realmente só quando o coração do homem não sofre mais nada; só então o homem tem o ser, a natureza, a substância da sabedoria e da alegria e tudo aquilo que Deus tem. [...] Quando, portanto, o filho nasceu em mim, se eu quisesse, então, matar diante de mim meu pai e todos os meus amigos, nem por isso meu coração ficaria comovido. Se meu coração ficasse comovido por causa disso, o filho não teria nascido em mim, mas talvez estaria por nascer.[12]

A vida não é senão uma gravidez. Algo, alguém vive em mim, cresce em mim, acotovela-me, me deixa espantado, me obriga a dizer seu nome. Ele contrai e suas contrações das quais eu sofro – com cujos gritos eu sofro em certos momentos – são o sofrimento de minha vida. Essas contrações constituem meu sofrimento. Elas podem me obnubilar a tal ponto que eu chegue a negar aquilo que se passa em mim, a tal ponto que eu recuse aquilo que tenta nascer.

Essa recusa pode durar, perdurar. O sofrimento, nesse caso, de não ser chamado, torna-se insuportável. Dizer seu próprio sofrimento é difícil e dá medo tanto naquele que fala como naquele que ouve. E, entretanto, "largar de mão", como dizem os Mestres zen, é minha salvação. É o nascimento de Deus em mim, é o advento de meu ser interior em meu ser exterior.

Mas aquilo que me separa deste advento é a aterradora perspectiva de uma última vaga de contrações que, antes de dar à luz um homem novo, vão me dilacerar, cruelmente, no ponto mais sensível de minha existência.

"Sofrer Deus" é deixá-lo vir, é deixá-lo sair, é deixá-lo partir. É engendrá-lo. Deus é meu sofrimento e eu sou o seu. Esse vín-

---

[12] S 76: AH 3, 113.

culo salvífico não é da ordem da expiação, mas da expiração. É expirando que eu abro o espaço que ocupará a respiração. É por isso que eu encontro Deus como meu sofrimento.

Foi isto que levou Mestre Eckhart a dizer:

> Presentemente, pode-se reconhecer e constatar o espírito ignorante daqueles que geralmente se espantam com o fato de as pessoas sofrerem dor e tribulação; um pensamento errôneo que lhes vem freqüentemente ao espírito é o de que a causa disso tudo está em seu pecado secreto. Essas pessoas chegam até a dizer às vezes: "Ah! e eu pensava que esta pessoa era boníssima. Como é que pode acontecer de passar ela por tais sofrimentos e por tais tribulações? Eu achava que não havia nela nenhuma culpa".[13]

Ele completa em outro lugar esta observação irônica com um paradoxo, cuja fina graça pode agora nos esclarecer mais do que nos escandalizar:

> Como é que pode o Deus que ama a bondade tolerar que seus amigos, que são pessoas de bem, sofram constantemente e sem cessar?[14]

Meu sofrimento atual, para mim que resisto a Deus, é grande. Mas esse mesmo sofrimento não é nada em comparação com aquele que me espera quando Deus nascer em mim. Ele acaba de se anunciar:

> Eis por que eu digo: um santo jamais existiu para aquele que o sofrimento jamais atingiu e a alegria jamais deleitou, e ninguém jamais chegará à santidade dessa forma.[15]

---

[13] AH T 2, 132; PP 230.
[14] AH T 2, 131; PP 229.
[15] AH 3, 178; PP 252.

E Eckhart chega mesmo a perguntar:

> Pois bem! Caro homem, qual é teu preconceito quando tu concedes a Deus ser Deus em ti? Sai totalmente de ti mesmo para Deus e Deus sairá totalmente dele mesmo para ti. Quando os dois saem deles mesmos, o que fica é o Uno em sua simplicidade.[16]

e afirmar que:

> Tudo aquilo que se poderia imaginar em matéria de prazer e de alegria, de felicidade e de delícias de amor, não é uma alegria, comparado à felicidade que produz este nascimento.[17]

É isto, efetivamente, o que dizem as jovens mães que, finalmente, têm em seus braços o fruto do trabalho de parto que suportam. Mas isto não é ainda senão uma das faces da "abertura". A outra não é menos forte.

Eis, portanto, traçado em suas grandes linhas, o itinerário do peregrino. Seu caminho é sempre difícil e seu passo é muitas vezes aquele da procissão de Echternach: três passos para diante, dois para trás. Quando a última etapa é transposta, tudo se torna claro, inclusive as decisões que de outra forma teriam sido as mais espinhosas.

Mas, durante a caminhada, quando não se chegou ainda à sabedoria, existem pontos de referência que podem servir de guia? Eckhart não expõe sistematicamente nenhuma resposta a semelhante pergunta. É possível, entretanto, respigar no encadeamento dos sermões algumas observações úteis.

Ninguém se deve espantar do fato que a maioria delas se orientam para uma ética da confiança. De fato, a confiança é para o lado coroa de uma moeda aquilo que o abandono é para o lado

---

[16] S 5b: AH 1, 78-79; PP 85.
[17] S 38: AH 2, 52; PP 17.

cara. É da confiança conjugada com o abandono que nascem a justificação e o perdão dos pecados:

> Deus é um Deus do presente. Ele te toma e te acolhe tal como te encontra, não tal como tu foste, mas tal como tu és presentemente.[18]

Somos, portanto, justificados antecipadamente, independentemente do que tenha sido nosso passado.

Eckhart vai mesmo mais longe e a hipérbole que ele utiliza exprime, creio eu, um dos aspectos mais profundos de sua própria confiança em Deus:

> E quanto mais numerosos e graves são os pecados, mais gosta Deus de perdoá-los sem medida, e tanto mais rápido quanto mais esses pecados lhe são contrários.[19]

Não é que Deus ame nossos pecados, mas, do que ele gosta é que nós nos separemos deles e se apressa em nos vir em socorro neste sentido. Tudo se passa como se Deus fosse um Pai que suporta de boa vontade que seu filho transgrida uma lei que este mesmo filho ainda não compreende, até o tempo em que, compreendendo-a em seu sentido mais profundo e passando a observá-la, ele proporciona a seu Pai uma imensa alegria. E não é verdade que Deus é para nós um Pai deste tipo? Eckhart chega a dizer que não é preciso arrepender-se dos próprios pecados:

> De fato, aquele que tivesse harmonizado plenamente sua vontade com a de Deus não deveria querer que o pecado no qual caiu não tenha acontecido, não certamente porque ele era contra Deus, mas sim à medida que tu estás por isso mesmo

---

[18] AH T 1, 60; PP 175.
[19] AH T 1, 62; PP 176.

obrigado a mais amor, à medida que tu abaixaste a cabeça e te humilhaste, e, portanto, não certamente porque o pecador agiu contra Deus.[20]

Será que isto significa que é preciso engolfar-se na análise pormenorizada das próprias faltas? De forma alguma:

> O arrependimento temporal é sempre arrastado para baixo num sofrimento ainda maior, atirando o homem numa tal tristeza que chega a lhe parecer estar caminhando para o desespero; o arrependimento habita então o sofrimento e não faz progresso algum, não levando a coisa alguma.[21]

Eckhart não podia exprimir análise mais fina da culpabilidade mórbida. E ele encadeia isto tudo, precisando em que consiste o arrependimento divino:

> A partir do momento em que o homem experimenta um arrependimento, ele se eleva imediatamente para Deus e toma a resolução inabalável de se afastar para sempre de todos os pecados. E com isso ele se eleva em grande confiança para Deus, adquirindo uma grande segurança. Disso resulta uma alegria espiritual que eleva a alma além de todo sofrimento e de toda tristeza, unindo-a fortemente a Deus.[22]

Eckhart insiste na generosidade do perdão de Deus:

> Todas as obras de Deus são absolutamente perfeitas e superabundantes, por mais pecador que seja aquele ao qual ele perdoa; com efeito, ele perdoa total e absolutamente, e com melhor vonta-

---

[20] AH T 1, 60; PP 174.
[21] AH T 1, 61; PP 175-176.
[22] AH T 1, 61-62; PP 176.

de ainda as grandes ofensas, mais do que as pequenas, o que torna absoluta a confiança.[23]

Ele próprio comenta essa insistência de maneira levemente irônica, como que para tranqüilizar seus ouvintes "ordinários":

> E mesmo hoje, é raro ficar sabendo que alguém chegou a grandes coisas sem se ter extraviado pelo menos um pouco.[24]

A teologia eckhartiana do pecado é, portanto, na realidade, uma teologia da confiança:

> Não existe melhor critério do amor do que a confiança.[25]
>
> Abandona-te a ele, tal como tu és!
>
> Se por teus pecados corrompeste teu coração e teus sentidos e tua alma e todas as tuas forças, pensa que aquilo que é de ti e em ti, tudo isto está completamente doente e podre.
>
> Por isso mesmo foge para ele, no qual não há nada de doente, mas somente de pura saúde: isto a fim de que ele seja para ti um redentor generoso de toda a corrupção tanto interior como exterior.[26]

---

[23] AH T 1, 64; PP 177-178.
[24] Esta é a minha tradução de: "*Und ouch noch ervorschet man selten, daz die liute koment ze grôzen dingen, sie ensîn ze dem êrsten etwas vertreten*" JQ T 2, 235; AH T 1, 61.
[25] AH T 1, 62; PP 176.
[26] "*Und mit allem dem lege dich zemâle in*" JQ T 2, 248. AH T 1, 66: "Assim, pois, apóia-te absolutamente nele"; PP 179 citado acima.

## Perder Deus ainda

É nesse ponto que se esclarece melhor esta esplêndida conclusão paradoxal de Eckhart:

> É por isso que pedimos a Deus que nos conceda ser menosprezado por Deus e acolher a verdade e também gozar dela eternamente lá onde os anjos mais elevados e a mosca e o asno são iguais.[27]

Essa oração, de aparência no mínimo estranha, parece poder ser entendida em dois sentidos pelo menos. De um lado, ela pode querer dizer que a alma que sofre Deus, a alma que está, por conseqüência, às voltas com seu próprio sofrimento, coloca-se, solitária e magnífica, acima de todo desejo de Deus. O resultado do nascimento de Deus em nós seria então um ateísmo franco e sereno. Neste sentido, é legítimo falar de um "ateísmo eckhartiano". O ateísmo de Eckhart ataca Deus *(got)* e não a divindade *(gotheit)*.

Mas esta primeira interpretação conduz a uma outra, ainda mais profunda. É essencial para a alma não poder esquadrinhar a fundo seu criador, pois, de outra forma, aquilo que é o verdadeiro Deus *(gotheit)* não existiria, mas só existiriam deuses *(Got mit uns!)*. É por isso que a afirmação segundo a qual a alma libertada e fixada no estado de não ter mais nenhum Deus é na realidade uma afirmação (impossível, rigorosamente falando) da existência de Deus *(gotheit)*. O ateísmo a respeito de Deus *(got)* não é por si mesmo uma afirmação indireta da existência de Deus *(gotheit)*?

Constitui um erro fatal para o homem colocar uma distância entre ele e Deus *(gotheit)*. Porque se o homem pode muito bem afastar-se de Deus *(got)*, o próprio Deus *(gotheit)* não vai nunca longe, ficando sempre na proximidade, e se este mesmo Deus

---

[27] S 52: AH 2, 146.

não pode permanecer no interior do homem porque este último o deixa esperando a sua porta, nem por isso ele vai correr atrás de ti, ele jamais avançará além da soleira da porta:

> Deus está mais próximo de mim do que eu estou próximo de mim mesmo.[28]

E continua:

> Deus se aloja escondido no fundo da alma.[29]

E ainda:

> Deus não cessa de incubar debaixo da cinza e de viver e de arder, com toda a sua riqueza e todas as suas delícias.[30]

Esse último aforismo chama um comentário. À perspectiva do violento dilaceramento ligado ao nascimento de Deus nele, mais de um homem recua, contemporiza, hesita. O medo da violência pode fazer recuar mais de um. E mesmo algum de nós em certos momentos. Não há motivo para se desesperar, porque, como uma brasa sobre as cinzas, Deus incuba e arde. Eckhart ensina, aliás, que Deus é fiel:

> Nossa felicidade e tão necessária a Deus que ele nos atrai para ele por meio de tudo aquilo que é capaz de nos conduzir a ele, seja isto alegria ou sofrimento.[31]

Não é menos verdade que procurar Deus é ainda e sempre perdê-lo de novo. E, entretanto, essa marcha, de perda em perda,

---

[28] S 68: AH 3, 54; PP 91
[29] AH T 1, 55; PP 170.
[30] S 2: AH 1, 56; PP 273.
[31] S 73: AH 3, 91; PP 281.

de morte em morte, de luto em luto é a única verdadeira. A "abertura" do ser interior através do dilaceramento do ser exterior, eis o momento catártico da procura de Deus. Esta abertura não pode ser apenas o fruto dos nossos esforços; ela é, portanto, um dom e não uma conquista. Ela é, no entanto, um dom que não podemos receber sem preparação:

> Mas nós a violentamos e prejudicamos quando a impedimos de concluir sua ação natural por causa da nossa falta de preparação.[32]

E a melhor preparação continua sendo o exercício do silêncio que, com o correr do tempo, facilita a desprendimento a respeito das criaturas, a renúncia ao exercício da nossa vontade própria e a explosão dos nossos falsos deuses. Esta abertura para o essencial se realiza no grito silencioso da violência consentida; é ela que abre o horizonte para a transmutação essencial da existência. É sofrendo Deus que o homem transfigura a criação, o homem e o próprio Deus.

Mas se a abertura é obra de Deus, não podendo o homem senão preparar-se para vivê-la mas não provocá-la, pode-se perguntar qual seja, para Eckhart, o sentido da oração e sobretudo da oração de petição.

Seria evidentemente impróprio pedir a Deus isto ou aquilo. Mas será que não se poderia pedir-lhe que se faça sua vontade? O místico dominicano reconhece que existe aí uma verdadeira possibilidade de oração:

> E é por isso que a melhor oração que uma pessoa possa fazer não deveria ser: Dá-me esta virtude ou esta maneira de ser, ou ainda: Senhor, dá tu mesmo a mim, ou dá-me a vida eterna, mas antes: Senhor, dá-me somente aquilo que tu queres e fazes,

---

[32] AH T 1, 79; PP 190.

Senhor, aquilo que tu queres e da maneira que tu queres. Esta oração supera a outra do mesmo modo que o Céu domina a Terra. E quem reza assim é que está rezando bem: quando, na verdadeira obediência, a pessoa sai completamente de si mesma para ir para Deus.[33]

Mas o pensamento de Eckhart não se contenta com esta resposta clássica:

> Quem pede algo a alguém é um criado. E aquele que lhe concede o que pediu é um senhor. Recentemente cheguei a perguntar-me se poderia receber alguma coisa de Deus ou pedir-lhe alguma coisa. Quero pensar profundamente neste assunto porque, se eu devesse pedir alguma coisa a Deus, eu mesmo estaria submisso a Deus como um criado, e ele seria um senhor ao conceder-me o que eu pedisse. Não estaríamos mais na vida eterna.[34]

Foi Eckhart que nos familiarizou com a idéia de que o homem é o igual de Deus. Este tema será ainda encontrado no fim do próximo capítulo. Mas não está nisso, parece-me, a razão mais profunda desta recusa inaudita de ser criado de Deus. O fato é que a salvação da alma lhe acontece quando ela sofre Deus. E como poderia ela sofrer realmente por aquilo que conhecesse de antemão? E como poderia ela pedir aquilo que já conhecesse? A oração de petição só teria sentido se fosse possível. Mas ela não o é. Porque Deus vem até nós sempre da maneira como não o esperamos!

---

[33] AH T 1, 42; PP 160.
[34] Esta é a minha tradução de: *"Waz ihtes begert von dem andern, daz ist kneht, und waz dâ lônet, daz ist herre. Ich gedâhte niuwelîche, ob ich von gote iht nemen wölte oder bergern. Ich wil mich harte wol berâten, wan dâ ich von gote waere nemende, dâ waere ich under gote als ein herre an dem gebenne. Alsô ensuln wir niht sîn in dem êwigen lebene"* S 6: JQ 1, 112; AH 1, 86; PP 109.

# 3
# A transfiguração

O exercício do desapego, levado com confiança e constância, nos prepara para receber o dom do ser na abertura da existência. Esta própria abertura é sempre violenta, tanto é verdade que nós lhe oferecemos uma resistência tão tenaz quanto possível. Mas esta mesma violência é libertadora: é ela que anuncia a transfiguração da existência sob a irradiação do ser.

**A criação revela Deus**

Ninguém possui tanto o mundo como coisa própria como aquele que deixou completamente o mundo.[1]

O homem que deixou assim todas as coisas naquilo que elas têm de mais baixo ou lá onde elas são mais fugazes, torna a encontrá-las em Deus onde elas são verdade. Tudo aquilo que aqui está morto lá está vivo, e tudo aquilo que aqui é tosco lá é espírito em Deus.[2]

---

[1] S 38: AH 2, 52; PP 17.
[2] S 29: AH 1, 238; PP 113.

Aquele que renunciou a se deixar levar e arrebatar pelas coisas do mundo, aquele que aceitou abandonar sua vontade própria e isto até no seu desejo de vida eterna, está preparado para receber a verdadeira vida, a vida do ser. E por meio de uma sutil infusão do ser nele, sua própria abertura acaba na transfiguração da criação pela luz do ser à qual ele agora se tornou transparente.

> Para aquele que agisse retamente, na verdade, Deus resplandeceria nas coisas profanas tão claramente como nas mais divinas, se ele possuísse realmente Deus.[3]

Deus irradia e transfigura a criação inteira quando ele pode brilhar através de um entre nós que se tornou transparente a sua luz. E esta difusão seria total se todas as criaturas fossem nela transparentes.

Quando uma dentre elas se deixou atravessar pela luz do Ser, as criaturas se tornam Deus em Deus; porque, antes da abertura, elas nos afastavam de Deus quanto mais próximos estávamos delas:

> O homem deve aprender a fazer sua abertura através das coisas, perceber nelas seu Deus, imprimi-lo fortemente em si segundo um modo essencial.
>
> Do mesmo modo que aquele que deseja aprender a escrever deve, na verdade, para adquirir esta arte, exercitar-se muito e freqüentemente nesta atividade, por mais difícil e árido que seja isto para ele. Por mais impossível que isto lhe pareça, se ele se aplicar nesta atividade freqüentemente e com zelo, ele aprenderá e adquirirá esta arte. Na verdade, ele deve antes de tudo se lembrar de cada letra e imprimi-la fortemente em si. Depois, quando já possui esta arte, ele se liberta completamente da imagem e da reflexão, escrevendo sem dificuldade e espontaneamente.

---

[3] AH T 1, 51; PP 167.

O mesmo acontece quando se trata de aprender a tocar viola ou qualquer outra atividade que depende de sua habilidade. Basta-lhe unicamente saber que quer praticar sua arte. E mesmo que ele não esteja consciente disso constantemente, ele realiza sua atividade em virtude de sua habilidade, esteja lá onde estiver seu pensamento.

Do mesmo modo, o homem deve estar penetrado da presença divina, ser formado pela fôrma de seu Deus bem-amado, de tal forma que sua presença o ilumine sem esforço algum, de modo que ele adquira além disso o desapego de todas as coisas. No começo, isto exige reflexão e uma penetração ativa, como o aluno em presença de sua arte.[4]

É por isso que:

Devemos ser instruídos por Deus e saber que "o reino de Deus está próximo[5]".

Deus está igualmente "próximo" de todas as criaturas.[6]

Só conhece realmente Deus aquele que o reconhece igualmente em todas as coisas.[7]

Que um homem se dirija para o campo, e lá recite sua oração e conheça Deus, ou que esteja na igreja e conheça Deus: Se ele conhece suficientemente Deus porque está num lugar tranquilo como este lugar ou é de costume, a causa disso é sua fraqueza, não Deus, pois Deus é o mesmo em todas as coisas, em todos os lugares, e está sempre disposto a dar-se igualmente à medida que

---

[4] AH T 1, 49; PP 166.
[5] S 68: AH 3, 55; PP 92.
[6] S 68: AH 3, 55; PP 92.
[7] S 68: AH 3, 55; PP 92.

isso depende dele, e só conhece Deus justamente aquele que o reconhece de maneira igual [em todas as coisas].[8]

Deus não está nesta ou naquela coisa, nesta coisa mais do que naquela outra. Deus simplesmente é. E sua luz ilumina todas as coisas com uma mesma luz quando ela pôde abrir caminho através do homem.

É porque nós o colocamos no mundo, é porque é através de nós que ele vem ao mundo, que todo elemento do mundo no-lo torna próximo e como imediatamente sensível.

É, portanto, através desta abertura que:

> Tudo recebe de Deus seu sabor e se torna divino.[9]

A criação transfigurada adquire um sabor desconhecido que lhe comunica a abertura do ser:

> É somente quando o homem se desacostumou antes de tudo de todas as coisas e as tornou estranhas que ele pode para o futuro aplicar-se a todas as obras com prudência, abandonar-se a elas sem escrúpulo ou privar-se delas sem dificuldades.[10]

Nosso ouvido, quando se desafinou do mundo e se deixou colocar no diapasão do ser, ouve uma melodia inédita e divina de cuja possibilidade ele sequer suspeitava:

> Aquele que conhecesse somente a criatura não teria mais necessidade de meditar sobre um sermão. Isto porque cada criatura está repleta de Deus e é um livro.[11]

---

[8] S 68: AH 3, 55; PP 92.
[9] AH T 1, 59; PP 173.
[10] AH T 1, 78; PP 189.
[11] S 9: AH 1, 104; PP 129.

Ouvida na vibração de um acorde perfeito do ser, a criatura se transforma em um canto divino que celebra seu criador.

Tocamos aqui num dos aspectos mais desconcertantes dos *Sermões* de Eckhart: as inumeráveis contradições que afetam suas palavras a respeito da criação. Ora qualificadas de obstáculo maior que deve ser destruído, ora de revelador divino, as coisas criadas aparecem nos propósitos eckhartianos num estatuto ambíguo.

Mais de um leitor é então tentado de não guardar senão uma das duas interpretações que se apresentam. E como a insistência mais repetida por Eckhart sublinha o obstáculo existente na criatura, mais de um leitor não compreendeu o verdadeiro sentido desta ambigüidade que consiste em exprimir precisamente o antes e o depois da abertura do ser.

Aliás, o próprio Eckhart nos indica que a abertura do ser transforma a criação de estorvo em adjuvante e que, naturalmente, esta transformação afeta igualmente o homem todo inteiro. Mas esta abertura não é jamais adquirida. É por isso que convém retornar incessantemente ao exercício do desapego.

**A ação exprime Deus**

Se a abertura do ser na existência transfigura as criaturas, esta mesma abertura transforma também completamente a ação do homem entre as criaturas. A ação no mundo é, com efeito, co-natural ao homem e renunciar a sua própria vontade não significa parar de agir mas, ao contrário, agir sob o impulso do ser:

> Uma atividade no tempo é de tal maneira nobre que não importa qual seja a penetração em Deus. De fato, ela nos faz penetrar mais perto [de Deus] que aquilo que nos pode acontecer de mais

sublime, exceto apenas a contemplação de Deus em sua pura natureza divina.[12]

A razão disso está em que é possível estar "junto das" coisas sem do mesmo modo estar "atolado" nas coisas, como o explica o comentário sobre Marta e Maria:

> É por isso que ele lhe diz: "Tu estás vigilante". O que ele queria dizer é o seguinte: Tu estás junto das coisas mas as coisas não estão dentro de ti. Só merecem o nome de vigilantes aqueles que estão sem obstáculos em toda a sua atividade. São sem obstáculos aqueles que realizam como convém todas as suas obras segundo a imagem da luz eterna, e estas pessoas estão junto das coisas e não dentro das coisas.[13]

É que para o dominicano Eckhart:

> O homem que se situa na vontade de Deus e no amor sente prazer em fazer todas as coisas que agradam a Deus e em omitir todas as coisas que são contrárias a Deus, e é-lhe tão impossível deixar de fazer alguma coisa que Deus quer que se faça, como fazer alguma coisa contrária a Deus; do mesmo modo como seria impossível caminhar para alguém que tivesse as pernas atadas, seria impossível ao homem que está situado na vontade de Deus agir contra a virtude. Alguém chega a dizer: se Deus tivesse ordenado praticar o mal e evitasse a virtude, mesmo assim eu não poderia praticar o mal. Porque ninguém ama a virtude a não ser que seja ele próprio virtude. O homem que deixou a si próprio como também todas as coisas, que não procura, seja lá o que for em seu próprio bem, que realiza todas as suas obras sem pensar o porquê

---

[12] Esta é a minha tradução de: "*Und dâ ist daz zîtlich werk als edel als dehein vüegen in got; wan ez vüeget als nâhe als daz oberste, daz uns werden mac, âne aleine got sehen in blôzer natûre*" S 86: JQ 3, 488; AH 3, 176; PP 249.
[13] S 86: AH 3, 174; PP 247.

e por amor, um homem como este está totalmente morto para o mundo e vive em Deus e Deus nele.[14]

Mas esta visão do homem transfigurado em sua ação não implica minimamente que este último aja "sob o constrangimento" de Deus:

> Deus não constrange a vontade, ele a estabelece na liberdade, de maneira que ele não queira outra coisa que não seja o próprio Deus e a própria liberdade.[15]

A abertura é, realmente, uma ação de dar à luz o ser que transforma radicalmente nosso modo de ser no mundo. A abertura nos (des-)loca na perspectiva do reino de nosso modo de ser no mundo que tornava antes para nós opaco e que, para dizer a verdade, continua sendo sempre para nós pelo menos um pouco opaco. Não parecemos nós com estes comerciantes do templo, dos quais fala o místico no seu primeiro sermão?

> Como vedes, são todos comerciantes, daqueles que evitam praticar pecados graves, que gostariam de ser pessoas de bem e que realizam suas boas obras para a honra de Deus, tais como jejuar, fazer vigílias, rezar e outras coisas semelhantes, todas elas espécies de boas obras, sendo que eles, entretanto, as realizam para que Nosso Senhor lhes dê alguma coisa em troca, ou para que Deus faça em troca alguma coisa que lhes seja agradável: são todos eles comerciantes. É preciso entender isso nesse sentido grosseiro, pois o que eles querem é dar uma coisa em troca da outra é, dessa maneira, traficar com Nosso Senhor.[16]

---

[14] S 29: AH 1, 238.
[15] S 29: AH 1, 238.
[16] S 1: AH 1, 45.

Mas é Deus ainda que nos pode conceder não ser mais comerciantes:

> O fato de sermos subtraídos a nós mesmos e inseridos em Deus não é lá tão difícil, pois é preciso que o próprio Deus o realize em nós; é uma obra divina, o homem não tem nada a fazer a não ser segui-la sem resistir: só cabe a ele permiti-lo e deixar que Deus aja.[17]

Encontramos aqui o tema da paz, ecoando o sofrimento transfigurado:

> É então que o homem exterior obedece ao interior até sua morte, e esse mesmo homem está, então, em uma paz constante a serviço de Deus.[18]

Mas em que consiste a obra do homem na perspectiva do Reino?

> Não te preocupes em saber se é Deus que opera as tuas obras ou se és tu mesmo que as operas. Pois é necessário que Deus opere se tu não trazes no teu pensamento senão ele próprio, quer ele o queira ou não.[19]

> Deus não coroa nada a não ser sua própria obra que ele opera em nós![20]

Encontramos aqui uma forma particularmente audaciosa da idéia que o homem é *"capax Dei"* (capaz de Deus): o homem traz em si mesmo uma capacidade de desapego que tem o poder de

---

[17] S 73: AH 3, 92; PP 281.
[18] S 1: AH 1, 49.
[19] AH T 1, 89; PP 199.
[20] S 73: AH 3, 91; PP 280.

obrigar Deus! A abertura retira nossa alma de seu espaço natural, transportando-a para uma outra dimensão, "supranatural", onde Deus vem a seu encontro sem mediação. É por isso que Eckhart fala também da alma que faz sua abertura em Deus, da alma que "se torna Deus", da alma que se une intimamente a Deus.

Qual é o fruto desta união do homem com Deus?

> Deus e eu, escreve Eckhart, somos um nesta operação: ele age e eu me transformo.[21]

É, portanto, pela mão do homem, do homem libertado em Deus, que Deus realiza sua obra. Eckhart observava, com efeito, que Deus não é nenhum destruidor de coisa alguma, mas um realizador. Deus não é um destruidor da natureza, mas um realizador.[22]

À medida que o homem deixar seu ser interior abrir passagem através de seu ser exterior, ele santifica seu agir, mesmo o mais banalmente cotidiano:

> Por mais santas que sejam as obras, elas não nos santificam absolutamente enquanto obras, mas na medida em que são santos nosso ser e nossa natureza, e somente nesta medida, nós santificamos todas as nossas obras, mesmo o ato de comer, dormir, acordar ou outra coisa qualquer.[23]

---

[21] S 6: AH 1, 86; PP 110.
[22] Esta é a minha tradução de: *"Got enist niht ein zerstoerer deheines guotes, sunder er ist ein volbringer! Got enist niht ein zerstoerer der natûre, sunder er ist ein volbringer"* JQ T 2, 228. Preferi conservar substantivos em francês lá onde se encontram em alemão, ainda que tenha devido recorrer a um neologismo. AH T 1, 83 traduz: "Deus não é o destruidor de nenhum bem, ele só realiza. Deus não destrói a natureza, ele a realiza" e PP 192: "Deus não é um exterminador de algum valor, seja ele qual for, mas um realizador. Deus não destrói a natureza, mas a realiza".
[23] AH T 1, 45; PP 162.

Mas pode acontecer, e acontece mesmo freqüentemente, que não deixemos agir o próprio Deus. Mesmo depois de ter experimentado esta abertura da alma em Deus, acontece-nos de deixarnos de novo apanhar e agarrar. Não adianta ficar nos culpando por isso; o que devemos é retomar o exercício para nos deixar desligar e desgarrar de novo.

## O homem se torna Deus

Se a abertura do ser que se dá à luz por meio do meu ser exterior transforma o mundo em sinal de Deus e me transfilia em Filho de Deus, esta mesma abertura transfigura igualmente o próprio Deus. Atinge-se aqui um novo cume das audácias eckhartianas:

> Se devo conhecer a Deus assim sem intermediário, é preciso absolutamente que eu me torne Deus e que ele se torne eu. Digo mais: Deus deve absolutamente tornar-se eu, e eu absolutamente tornar-me Deus, e tão totalmente um que aquele "ele" e aquele "eu" se tornem e sejam um "é", e operem eternamente uma [só] obra, no ser-Ele porque este "ele" e este "eu", Deus e a alma, são muito fecundos.[24]

> Quando o homem é absolutamente libertado dele próprio por Deus, ele não pertence mais a ninguém a não ser a Deus somente e não vive para nenhuma outra coisa a não ser para Deus somente; esse mesmo homem é por isso mesmo realmente idêntico pela graça àquilo que Deus é por natureza, sendo que o próprio Deus não conhece nenhuma distinção entre ele e esse homem.[25]

A alma assim divinizada pela geração do Filho nela entra em união com Deus do mesmo modo como uma dançarina se funde

---

[24] S 83: AH 3, 153; PP 133.
[25] S 66: AH 3, 41; PP 86.

no movimento de seu parceiro. Os movimentos dos dois se fundem, por meio de suas pessoas. Suas vontades se tornaram uma, seus passos permanecem sendo os seus. O fato de "nascer" Deus na alma libertada dela própria e de todas as suas miragens é realmente o sinal de que ele não a absorve.

A tradição mística compreendeu aliás desde todo o sempre as relações da alma com Deus através da imagem da dança e da mais significativa que culmina na união sexual. O erotismo do Cântico dos Cânticos não é, por acaso, uma das mais belas parábolas da união mística, ou seja, a fusão do movimento e da relação das pessoas?

Estas pobres palavras ficam muito aquém do cume que elas tentam indicar. E a variação sobre este tema doravante conhecido que será, até seu esgotamento, o único recurso lingüístico possível de Eckhart como de seus comentadores:

> Àquele que me perguntasse: por que rezamos, por que jejuamos, por que realizamos todas as nossas obras, por que somos batizados, por que Deus se fez homem? [...] eu diria: é para que Deus nasça na alma e a alma nasça em Deus. É por isso que toda a Escritura foi escrita, é por isso que Deus criou o mundo e toda a natureza angélica: isto, para que Deus nasça na alma e a alma nasça em Deus.[26]

> Por que será que Deus se fez homem? Para que eu seja gerado como este mesmo Deus. Deus morreu para que eu morra para o mundo inteiro e para todas as coisas criadas.[27]

E Eckhart, com sua audácia habitual, conclui que:

> Se nós chegamos a renunciar totalmente a nossa vontade e ousamos despojar-nos, por amor de Deus, de todas as coisas, tan-

---

[26] S 38: AH 2, 48; PP 13.
[27] S 29: AH 1, 239; PP 114.

to interiores como exteriores, teremos realizado tudo, o que não acontecera anteriormente.[28]

Paul Petit traduz por "nós é que teríamos criado o mundo e não ele!". Se fôssemos totalmente transparentes e plásticos à vida de Deus, criaríamos a criação com o mesmo movimento que o criador, pois seu movimento e o nosso seriam impossíveis de distinguir. E, falando de maneira mais forte ainda, este cume absoluto dos paradoxos eckhartianos: Se nós não existíssemos, nem Deus tampouco existiria.

> E se eu não existisse, "Deus" não existiria tampouco. Sou eu a causa de que Deus seja "Deus"; se eu não existisse, Deus não seria "Deus". Não é necessário saber isso.[29]

Se eu não existisse, o ser de Deus, a divindade seria uma mera essência sem existência. Se eu não existisse, não haveria ninguém para quem "Deus" pudesse ser Deus; conseqüentemente Deus não existiria mas somente "Deus", a deidade. Deus existe porque cria a minha existência!

Será que isto equivale a dizer que a busca mais exigente de Deus conduz à afirmação da morte de Deus? Sim, em certo sentido que é necessário precisar; não, no sentido de Nietzsche. Na negatividade eckhartiana, é certa relação perversa com a realidade, consigo mesmo e com Deus que constitui um obstáculo para a união da alma com seu criador. Na negatividade nietzscheana, é, ao contrário, certa relação perversa com a transcendência que constitui um obstáculo para a justa relação do homem com a realidade. É, portanto, em sentidos radicalmente diferentes que Nietzsche e Eckhart podem ser considerados como profetas da morte de Deus, ou melhor, do assassinato de Deus.

---

[28] AH T 1, 57; PP 172.
[29] S 52: AH 2, 149; PP 139.

O célebre texto do *Alegre Saber* (§ 125), onde Nietzsche coloca em cena um insensato que segurava uma lanterna acesa em pleno dia na praça do mercado e proclamava: "Deus está morto! Nós somos todos os seus assassinos!", constitui um testemunho do fascínio do autor a respeito da transcendência. De um lado, Nietzsche pressente que não existe grandeza alguma no homem a não ser em relação com uma transcendência ("Por acaso não é preciso tornar-nos nós próprios deuses para parecermos dignos desta ação?") Do outro, ele experimenta muito vivamente como toda a forma de relação instituída com a transcendência encerra o homem na alienação. Mas, tanto de um lado como do outro, trata-se sempre de uma transcendência do humano com relação a si mesmo.

Sem dúvida, Eckhart não teria recusado uma forma de transcendência como esta, mas esta nem por isso o teria satisfeito plenamente. Nietzsche recusava absolutamente toda a forma de transcendência não humana ao passo que Eckhart prega que o homem não pode ir além do homem a não ser abismando-se na transcendência divina.

É, portanto, em definitivo a respeito da questão da Alteridade radical que se opõem os dois autores. O "ateísmo" de Mestre Eckhart é um profundo ceticismo a respeito de toda representação de Deus, mental ou discursiva. Mas Eckhart não pára no caminho nesta análise crítica (que compartilham todos os "Mestres da suspeita" como gosta de chamá-los Ricoeur). Ele recusa rejeitar a própria transcendência em nome da inadequação de toda prática ou de todo discurso a respeito dela. Eckhart tem contas a acertar com a linguagem mas, ao contrário de Nietzsche, jamais com a transcendência.

Existe, em Nietzsche, uma divinização do homem à revelia de Deus; ao passo que em Eckhart, trata-se de uma afirmação de Deus no próprio processo da divinização do homem. É por isso que o essencial da pregação de Eckhart pode ser assim resumido:

É preciso que o homem se torne um procurador de Deus em todas as coisas e um achador de Deus em todos os tempos e em todos os estados e com todas as pessoas e de todas as maneiras.[30]

Finalmente, aquilo que nos faz descobrir Deus é o próprio movimento da nossa busca na direção dele. É por isso que é o itinerário do procurador e do achador de Deus que manifesta da maneira mais explícita a presença de Deus. A pedagogia eckhartiana é uma terapêutica, é certo (descobrir que meu sofrimento é o sinal da minha resistência à obra de Deus em mim e que, deste sofrimento, Deus sofre infinitamente mais do que eu), mas e também uma teofania: Deus aparece no próprio movimento daquele que o procura. Voltaremos a isso no último capítulo.

---

[30] Esta é a minha tradução de: *"Daz der mensche solte werden ein got suochender in allen dingen und gotvindender mensche ze aller zît und in alle, steten und bi allen liuten in allen wîsen"* JQ T 2, 289-290. AH T 1, 83: "O homem deve procurar Deus em todas as coisas, e encontrar Deus em todos os tempos e em todos os lugares, e junto de todos os homens e de todas as maneiras"; PP 193: "Seria preciso que este homem […] se tornasse de muito boa mente um procurador e um achador de Deus: em todos os tempos, em todos os lugares e em todas as sociedades".

# 4
# Os jogos de linguagem de Eckhart

A experiência libertadora da união da alma com Deus. Aqui Mestre Eckhart nos quer comunicar e nos tenta introduzir. Ele mobiliza nesta intenção todos os recursos de sua linguagem: imagens, comparações, metáforas, negatividade, paradoxos etc.

### As imagens da experiência

Eckhart não abandona nunca o terreno da experiência humana mais completa. Seus propósitos visam sempre a compreender esta experiência, exprimi-la e narrá-la. Finalmente, através de todas as formas de que ela pode revestir-se, esta experiência é única: a verdadeira libertação do humano em Deus. Mas a experiência é incomunicável em sua pureza, em sua singularidade, em sua intensidade. As palavras falham sempre. As palavras, para dizê-las, são-lhe, entretanto, indispensáveis, pois uma experiência que não se exprime cai no esquecimento, escapa à memória, desaparece com o tempo que passa. Por certo, é em dois sentidos que a expressão completa a experiência: ela a leva a uma perfeição maior e ao mesmo tempo a abole.

As relações da experiência com a linguagem são assim: a experiência que não leva à linguagem perde sua consistência e a experiência expressa é mutilada por uma insuportável redução. Mas é esta própria mutilação que lança de novo a experiência, abrindo para ela novos domínios, chamando-a para além dela própria. As relações da experiência com a linguagem não são, pois, marcadas apenas pelo selo do infortúnio e da inadequação. São elas que levam a experiência para além dela própria. Falando rigorosamente, a expressão lingüística incita a experiência a se superar. Ela é "metafórica".

Eckhart era muito lúcido a respeito da relação da experiência com a linguagem. Recorre aliás a numerosas comparações e imagens para comunicar seu ensinamento. Assim, por exemplo, no sermão já citado, *Quasi stella matutina,* ele compara as relações do homem com Deus com aquelas da estrela da manhã com o Sol:

> Como uma estrela da manhã. É o planeta Vênus (*"der vrîe sterne"*), que deu seu nome à sexta-feira *(vrîtac)*. Ele tem muitos nomes: quando ele se levanta antes do Sol e o precede, ele se chama a estrela da manhã: mas quando ele se levanta depois do Sol, de maneira que o Sol se deita antes dele, ele se chama a estrela da tarde. Por algum tempo ele percorre sua rota por cima, e por algum outro tempo por baixo do Sol; mais do que as outras estrelas, ele está o tempo todo igualmente perto do Sol, não se afastando muito dele. E é ele que nos indica e nos significa que um homem que quer chegar até lá deve estar sempre perto de Deus e em sua presença, de maneira que nem felicidade, nem infelicidade, nem seja lá o que for de criado possa afastá-lo dele.[1]

As crianças na escola, observa Eckhart, chamam "quase" de advérbio *(beiwort)*: isto significa que o homem é um advérbio *(beiwort)* lá onde Deus é o Verbo *(wort),* como diz São João.

---

[1] S 9: AH 104; PP 128.

Eckhart recorre igualmente a outras imagens entre as quais vale a pena pôr algumas em relevo:[2]

> Pergunta-se o que queima no inferno. Os Mestres dizem comumente que é a vontade própria. Mas eu digo, na verdade é o nada que queima no inferno *("Aber ich spriche waerlîch, daz niht in der helle brinnet")*.
>
> Ouça esta comparação. Suponhamos que alguém tome uma brasa acesa e a coloque sobre a minha mão. Se digo que a brasa queima minha mão, estou cometendo uma injustiça contra a brasa. Sequero falar com justeza daquilo que me queima: é o nada que o faz, pois a brasa tem em si algo que minha mão não tem. Vejam lá, é esse próprio nada que me queima. De fato, se a minha mão tivesse em si tudo aquilo que é a brasa e aquilo que ela pode realizar, eu teria com toda a certeza a natureza do fogo. Aquele que pegasse então todo fogo que alguma vez queimou e o sacudisse em sua mão, não sofreria dano algum.
>
> Da mesma maneira digo-o eu: da mesma forma que Deus e todos aqueles que contemplam a Deus têm em si na verdadeira beatitude aquilo que não têm aqueles que estão separados de Deus, este nada atormenta as almas que estão no inferno mais que a vontade própria ou qualquer fogo.[3]

---

[2] Entre as imagens atribuídas a Mestre Eckhart pela tradição espiritual, mas que não figuram no corpus reconhecido de seus *Sermões* e *Tratados*, este é particularmente impressionante: "Tomo uma bacia com água e coloco nela um espelho, expondo-a em seguida aos raios do Sol. Então o Sol envia seu brilho luminoso não só a partir de seu disco, mas igualmente a partir do fundo da bacia: e não há no caso desperdício algum. O reflexo do espelho no Sol é, visto que pertence ao Sol, nada mais que o próprio Sol. E, entretanto, é por isso que o espelho é o que é. E é precisamente aquilo que acontece com Deus!" (PP117).
[3] S 5b: AH 1, 77; PP 83-84.

Jeanne Ancelet-Hustache traduz *niht* por "nada"; Paul Petit por "não". Lingüisticamente, as duas interpretações me parecem corretas. Entretanto, a de Paul Petit facilita a compreensão: queimar o "não", quer dizer, a oposição, que é sintoma de dualidade, entende-se mais facilmente que queimar o nada.

Um homem que estivesse desprovido de toda dualidade seria um com Deus e, por conseqüência, fora do alcance de todo o mal. É isto que o Mestre turíngio tenta fazer-nos compreender com a ajuda de uma outra imagem ainda:

> O homem que tivesse assim renunciado a si mesmo juntamente com tudo aquilo que ele tem como próprio, na verdade, estaria totalmente estabelecido em Deus, e lá onde alguém tocasse este homem, deveria antes tocar Deus, pois ele está absolutamente em Deus e Deus o envolve como meu capuz envolve a minha cabeça, e aquele que quisesse me tocar deveria antes tocar meu hábito. Assim também, quando quero beber, a bebida deve antes passar sobre a minha língua, pois é lá que a bebida encontra seu gosto. Se a língua está coberta de amargo, na verdade, por mais doce que seja o vinho em si mesmo, ele se torna amargo ao passar por aquilo que o faz chegar até mim.
>
> Na verdade, uma pessoa que estivesse totalmente despossuída de si mesma estaria de tal forma envolvida por Deus que criatura alguma poderia tocá-la sem tocar antes em Deus, e tudo aquilo que quisesse vir a ela deveria alcançá-la passando por Deus; é disso que provém o gosto e é disso que ele toma seu caráter divino. Por maior que seja o sofrimento, se ele passa por Deus, Deus é o primeiro a sofrer com ele.[4]

---

[4] AH t 1, 58; PP 173. "É daí que provém o gosto e é daí que ele toma seu caráter divino" é a tradução dada por AH de: "*dâ nimet ez sînen smak und wirt gotvar*" que me parece poder ser mais bem substituída por "é lá que isto toma seu gosto e se torna divino", do mesmo modo como uma outra frase, um pouco mais longe no mesmo *Tratado*, exprime mais claramente uma idéia análoga com o mesmo vocabulário: "*ez nimet allez sînen smak an gote und wirt götlich*" (p. 229-230), quer dizer: "tudo toma seu gosto a partir de Deus e se torna divino".

Querendo explicar que todo aspecto aparentemente negativo da vida natural toma seu sentido em vista de um bem maior, o que é uma tese escolástica clássica, Eckhart usa da seguinte comparação médica:

> Um médico sábio não toca jamais o dedo doente de um homem fazendo-o sofrer, se não fosse capaz de colocar o próprio dedo ou todo o conjunto do homem num melhor estado e de proporcionar-lhe algum alívio. Se ele pode melhorar o estado do homem e o dedo, ele o faz; se não pode fazê-lo, ele corta o dedo para que o homem esteja numa situação melhor de saúde. Pois é melhor sacrificar o dedo sozinho e salvar o homem do que perder o dedo e o homem. Mais vale um preconceito que dois, sobretudo quando um deles é incomparavelmente maior que o outro.[5]

É bom notar que este texto deixa transparecer que Eckhart supõe que Deus é como o médico da natureza, representação comum na Idade Média. Este texto fornece além disso uma ilustração chocante do conceito de "mal menor".

Mas os recursos da linguagem eckhartiana não estão baseados na força da metáfora. Eles são, com efeito, de dois tipos. Ou ele se apóia na experiência cotidiana do pregador itinerante que ele é, peregrinando de um convento dominicano para outro onde ele encontra tantos irmãos, e fala da estrela da manhã, do orvalho, das flores, da amizade... ou então ele se apóia nos recursos da linguagem filosófica e teológica de seu tempo, que ele maneja com grandíssima segurança.

A respeito disso, vale a pena examinar um sermão inteiro do pregador itinerante.

---

[5] AH T 2, p. 125; PP 224.

### Homo quidam erat dives
(Sermão 80)

"Havia um homem rico que andava vestido de seda e de veludo e que se banqueteava todos os dias com alimentos escolhidos", mas não tinha nome.

Pode-se entender isto de duas maneiras: a respeito da insondável divindade e de toda alma delicada.

"Havia um homem rico." "Homem" designa um ser dotado de intelecto, como diz um Mestre pagão. Por "homem", entende-se Deus na Escritura. São Gregório diz: se uma coisa em Deus fosse mais nobre do que a outra – se é que assim nos poderíamos exprimir – esta coisa seria o intelecto, porque é pelo intelecto que Deus se revela a si próprio; é pelo intelecto que Deus se derrama em todas as coisas; é ainda pelo intelecto que Deus criou todas as coisas. E se não houvesse em Deus intelecto, a Trindade não poderia ter fluído dele e muito menos a criatura.

"Ele não tinha nome." Do mesmo modo o Deus insondável é sem nome, porque todos os nomes que lhe dá a alma, ela as tira de seu próprio intelecto. É por isso que um Mestre pagão diz de seu livro intitulado *Luz das luzes*: Deus é superessencial, incompreensível e incognoscível para o conhecimento natural. Eu não falo do conhecimento pela graça, pois um homem poderia ser de tal forma arrebatado pela graça que chegasse a conhecer as coisas divinas como São Paulo as conheceu quando foi arrebatado ao terceiro Céu e viu coisas tais que não se devem nem se podem revelar. De fato, estas coisas, tais como ele as viu, ele não as podia tampouco exprimi-las porque aquilo que deve ser compreendido é preciso ser compreendido por sua causa, por seu modo ou por sua operação. É por isso que Deus continua sendo desconhecido, pois ninguém é sua causa, sendo ele sempre primeiro. Ele é também sem modo, quer dizer, em sua incognoscibilidade. Ele é do mesmo modo sem operação, quer dizer, em seu silêncio escondido. É por isso que ele continua sem nome. Onde estão, pois, todos os nomes que lhe foram dados? Moisés lhe perguntou seu nome. Deus respondeu: "Aquele que é te enviou". De outra forma, ele não poderia compreendê-lo, pois tal como Deus é nele mesmo, ele não poderia jamais se fazer compreender por uma criatura, não que ele não o tenha podido, mas as criaturas é que não teriam sido capazes de compreendê-lo. É por isso que o Mestre diz no livro, chamado *Luz das luzes*: Deus é superessencial, acima de todo o louvor, incompreensível e incognoscível.

O homem era também "rico". Do mesmo modo Deus é rico em si mesmo e em todas as coisas. Notai-o bem! A riqueza de Deus reside em cinco pontos. Em primeiro lugar, ele é a causa primeira, e é por isso que se derrama em todas as coisas. Em segundo lugar, ele é simples em seu ser, e é por isso que ele é a interioridade de todas as coisas. Em terceiro lugar, ele é manifestação repentina, e é por isso que ele se comunica a todas as coisas. Em quarto lugar, porque ele é imutável, ele é aquilo que existe de mais permanente. Em quinto lugar, porque ele é perfeito, ele é o que há de mais desejável.

Ele é a causa primeira, e é por isso que se derrama em todas as coisas. Um Mestre pagão diz a este respeito que a causa primeira se derrama mais em todas as coisas (segundas) do que as outras causas que não se derramam em sua operação. Ele é simples também no seu ser. Que significa "simples"? O bispo Alberto diz: é simples aquilo que é uno em si sem nada de estranho; assim é Deus e todas as coisas unificadas estão contidas naquilo que ele é. Ali, todas as criaturas são uno no Uno e são Deus em Deus: nelas mesmas elas não são nada. Em terceiro lugar, por ser ele manifestação repentina, ele se difunde em todas as coisas. A respeito deste assunto o bispo Alberto diz: ele se derrama de uma maneira geral em todas as coisas de três maneiras: pelo ser, pela vida e pela luz, particularmente na alma dotada de intelecto, capaz de conhecer todas as coisas e de reconduzir todas as criaturas a sua origem primeira: tal é a Luz das luzes, pois "todo dom e toda perfeição fluem do Pai das luzes", como diz São Tiago. Em quarto lugar, pelo fato de ser ele imutável, ele é o que existe de mais permanente. Agora vamos ver como Deus se une às coisas. Ele se une às coisas e se mantém entretanto nele mesmo assim como o Uno e todas as coisas se mantêm nele visto que é Uno. Cristo diz a este respeito: vós sereis transformados em mim e não eu em vós. Isto em razão de sua imutabilidade, de sua incomensurabilidade e da pequenez das coisas. Por esta razão, um profeta diz que todas as coisas são em relação a Deus tão pequenas como uma gota d'água num mar revolto. Se jogássemos uma gota num mar, a gota se transformaria no mar e não o mar na gota. O mesmo se passa com a alma: quando Deus a atrai para si, ela é transformada em Deus, de maneira que a alma se torna divina e Deus não se torna a alma. A alma perde, então, seu nome e seu poder, mas não sua vontade nem seu ser. A alma permanece em Deus como Deus permanece nele mesmo. O bispo Alberto diz a respeito deste assunto: de acordo com a vontade na qual o homem morre, ele permanecerá eternamente. Em quinto lugar, por ser ele perfeito, ele é aquilo que existe de mais desejável. Deus é a perfeição dele próprio e de todas as coisas. Em que consiste a perfeição de Deus? Consiste nisto que ele é o bem de si mesmo e o bem de todas as coisas. É por isso que todas as coisas o desejam: porque ele é seu bem.

Que Deus nos ajude para que obtenhamos o bem que o próprio Deus é e que gozemos dele eternamente. Amém.[6]

Este sermão, que é um dos mais curtos, é um verdadeiro condensado das mil facetas da linguagem eckhartiana. Nele encontramos ao mesmo tempo uma imagem: "a alma está para Deus assim como a gota está para o mar";[7] seis referências à Escritura: Lucas (16,19), Pau-

---

[6] S 80: AH 3, 132-134.
[7] Comparação tirada do livro da Sabedoria.

lo, Moisés, Tiago, um profeta, Cristo; duas alusões a Aristóteles;[8] três referências ao livro intitulado *Luz das luzes*;[9] uma citação patrística: São Gregório; e três apelos à autoridade do "bispo Alberto".[10]

O sermão está estruturado em duas partes e a enumeração das cinco dimensões da riqueza de Deus é anunciada e depois desenvolvida até seu termo.

Além disso, as citações parecem chamar-se umas às outras mais por associações temáticas do que por mero desenvolvimento lógico. Finalmente, toda a metafísica evocada para falar de Deus ("superessencial, incompreensível, incognoscível") é ela própria, por assim dizer, antecipadamente "sublimada" pelo comentário à resposta de Deus a Moisés que lhe havia perguntado seu nome: "Onde estão, pois, todos os nomes que lhe foram dados?"

Esta pergunta não está destituída de ironia dentro de um sermão do qual um dos temas principais é precisamente a nominação de Deus.

Isto equivale a dizer que nos escritos de Eckhart a linguagem não é jamais um absoluto. E ele está sempre consciente de sua inadequação. O defeito da linguagem sublinha perpetuamente o excesso da experiência de Deus. Entretanto, a linguagem, como já sublinhamos, é indispensável. Ela é ao mesmo tempo um centro e um limite. Este aspecto da linguagem é particularmente sensível no uso que Eckhart faz da linguagem técnica em vigor entre os filósofos e os teólogos.

**A negatividade do teólogo**

A respeito disso as fontes de Mestre Eckhart são múltiplas. Ele adquiriu durante o período de seus estudos um conhecimento

---

[8] "Um mestre pagão."
[9] Que parece designar o *Liber de causis* do qual sabemos hoje que é um extrato dos *Elementos de teologia* de Proclo.
[10] Santo Alberto Magno, fundador do *studium* dominicano de Colônia, tornou-se bispo de Ratisbona.

aprofundado dos "clássicos" de seu tempo. Dono de uma memória prodigiosa, ele cita regularmente os Mestres anteriores. Suas citações nem sempre são literalmente exatas, mas, na maioria das vezes, são respeitosas do sentido. Eckhart cita evidentemente Platão e Aristóteles mas também Plotino, Porfírio, Dionísio, Agostinho, isso para não mencionar senão alguns dos maiores Mestres clássicos. Ele se apóia igualmente no Mestre Alberto e no irmão Tomás; e seu conhecimento do corpus bíblico é muito extenso. Alguns comentadores fizeram dele um neo-platônico; outros, um tomista. De fato, podem ser encontrados realmente em Eckhart numerosos empréstimos tirados de Plotino e de Tomás de Aquino. Entretanto, o pensamento de Eckhart não parece poder ser reduzido a um esquema neo-platônico nem a uma doutrina do irmão Tomás. Eckhart voa com suas próprias asas e, como observou Lossky, não faz jamais outra coisa senão acompanhar temporariamente seus predecessores em sua caminhada. Chega sempre um momento em que ele se afasta deles, um momento em que ele parece dispensar a contribuição do ilustre Mestre que comenta sem entretanto dar a impressão de que tenha esgotado a experiência que ele tenta exprimir.

Eckhart não é nem um neo-platônico, nem um agostiniano, nem um tomista; Eckhart é um eckhartiano! Por certo, ele se apóia nos grandes Mestres anteriores, mas, tal como uma criança que é levantada sobre os ombros de um gigante, ele vê mais longe do que aquele que o carrega.

Isto equivale a dizer que ele não faz com que o leitor procure demasiado longe a coerência conceptual das especulações eckhartianas. Por certo, a experiência que elas tentam exprimir e tornar inteligível é uma só e mesma experiência. Mas as tentativas, por assim dizer, são múltiplas. Elas se sobrepõem, se misturam, se opõem, se completam mutuamente. Tem-se a impressão de se tratar de um atirador que, após cada tiro que errou por pouco, reajusta sua pontaria, acabando assim, por fim, por desenhar no vácuo um alvo de tiro que na realidade continua definitivamente fora do alcance.

E, neste sentido, ele se inscreve verdadeiramente na tradição da teologia negativa. O Mestre turíngio não é o primeiro, com efeito, a exercitar a negatividade em teologia. Já no Antigo Testamento, o nome de Deus é freqüentemente passado em silêncio. YHWH, o tetragrama divino não é mais escrito nos últimos livros da Bíblia judaica. Este tetragrama não era mais pronunciado a não ser uma vez por ano pelo sumo sacerdote, no Santo dos Santos do Templo.

Mais de um intérprete viu nisto o resultado de uma meditação teológica secular sobre o sentido negativo de todo nome divino: a melhor maneira de falar de Deus é a de não nomeá-lo. No Novo Testamento, e muito especialmente no quarto evangelho, encontram-se várias fórmulas especificamente apofáticas. "Ninguém jamais viu Deus"[11] é um exemplo disso.

Na tradição cristã até o século XIV, além do *Tratado dos nomes divinos* do Pseudo-Dionísio, abundantemente citado por Eckhart, encontram-se numerosos textos, às vezes muito fortes, que se inscrevem explicitamente nesta perspectiva.

Assim, por exemplo, este *Hino a Deus* de Gregório de Nazianzo (328-390), cuja feitura lírica é excepcional:

> Ó Tu, que estás além de tudo –
> não é isto tudo o que podemos cantar a teu respeito?
> Que linguagem poderá jamais dizer o que és?
> Nenhuma palavra é capaz de te exprimir.
> A que coisa o espírito se aferrará?
> Pois tu ultrapassas toda inteligência.
> Só tu és indizível,
> porque tudo aquilo que se diz saiu de Ti.
> Só tu és incognoscível,
> pois tudo aquilo que se pensa saiu de Ti...
> O desejo universal,
> o gemido universal tende para Ti.

---

[11] Jo 1, 18.

> Tudo aquilo que suplica,
> e para Ti todo ser que pensa teu universo
> faz subir um hino de silêncio...
> De todos os seres tu és o fim;
> Tu és todo ser, e ao mesmo tempo não és nenhum deles.
> Tu não és um único ser,
> Tu não és o conjunto destes seres;
> Tu tens todos os nomes, e como te nomearei eu
> Tu o único que não se pode nomear?
> Que espírito celeste poderá penetrar as nuvens negras
> que cobrem o próprio céu?
> Tem piedade,
> Ó Tu, que estás além de tudo –
> não é isto tudo o que podemos cantar de Ti?[12]

E este outro igualmente, de Santo Agostinho (354-430), mais curto, mas também muito explícito:

> Nós costumamos falar de Deus: nada de espantoso que tu nada entendas! Se tu entendes, então este não é mais Deus... É uma grande felicidade tocar em Deus, ainda que não fosse senão um pouco, com nosso espírito; compreendê-lo nos é impossível.[13]

A tradição da teologia negativa, na qual se insere Mestre Eckhart, e as relações sutis que ele mantém com seus principais predecessores foram magistralmente expostas por Vladimir Lossky. O mais "adequado" dos discursos sobre Deus é mesmo o silêncio. É por isso que é desejável que o leitor de Eckhart não se deixe jamais aprisionar em seus "jogos de linguagem": se o fizesse, ele ficaria perdido neles. Que ele se deixe, pelo contrário, guiar pela voz do Mestre. Isto o livrará da influência do discurso, pois a

---

[12] MIGNE, *Patrologia grega*, vol. XXXVII, p. 507.
[13] AGOSTINHO, *Sermão 117*, 3, 5.

experiência de Deus não pode ser experimentada em seu excesso pela relação com o discurso a não ser pela capacidade de enganar do próprio discurso. Isto equivale a dizer que o vínculo da palavra com experiência é, ao mesmo tempo, necessário e insuficiente. É por intermédio de uma palavra tão feliz como possível, mas sempre infeliz no fim das contas, que o Mestre assinala na direção do inefável. O discípulo, por sua vez, não tem acesso à experiência de Deus a não ser aceitando o caráter necessário da palavra ao mesmo tempo que sua perpétua inadequação.

Deus é incognoscível e é ele que nos faz viver. Deus escapa à possibilidade de qualquer qualificação e é ele que nos liberta. Deus é impensável e é ele que nos gera para nós mesmos. É no espaço aberto por estes paradoxos que caminha Mestre Eckhart. "É Deus que nos gera, é ele que nos liberta, é ele que nos faz viver." Estas palavras desajeitadas tentam designar uma experiência radical e inefável. É desta experiência e dela só que se trata nos *Sermões* de Mestre Eckhart, mesmo e talvez sobretudo quando estes últimos tomam o ar de dissertações escolásticas sobre a incognoscibilidade, a inqualificabilidade e a impensabilidade de Deus. Expressa de um jeito positivo nas comparações e nas parábolas, negativa nos jogos conceituais, é sempre da mesma experiência que se trata.

Mas a linguagem de Eckhart esconde outras características que vale a pena sublinhar, pois são elas que manifestam de maneira excepcional a harmonia do fundo e da forma dos *Sermões*.

### A totalização abortada

Poder-se-ia caracterizar a linguagem de Mestre Eckhart por meio de três grandes traços. É uma linguagem não totalizadora, uma linguagem associativa e uma linguagem "auto-irônica".

Quer parecer-me que a linguagem de Mestre Eckhart se organiza como se se tratasse de recusar toda a forma totalitária de linguagem.

Na *Suma teológica*, Tomás de Aquino cria para si uma linguagem técnica rigorosa que responde a numerosas definições e distinções que lhe permitem edificar o monumento que é sua obra filosófico-teológica. Existe na linguagem da *Suma teológica* uma sistematicidade, um princípio de totalidade que estão em ação. Tomás de Aquino nada tem de um espírito totalitário, mas há em sua linguagem uma exigência de totalidade; ele visa a dizer tudo e não deixar nada escapar ao discurso. (E não é talvez por acaso que alguns séculos mais tarde um pensamento que apela para Santo Tomás será erigido em sistema totalitário.)

Nada disso existe em Mestre Eckhart. Como já deixamos sublinhado várias vezes, cada vez que pede emprestada uma forma de linguagem a algum de seus predecessores, Eckhart dá um passo para o lado que marca a distância em relação a sua fonte. Ele ajusta o passo de seu antecessor, caminha com ele um momento e, em seguida, sem nenhum aviso, deixa-o de lado para tomar um atalho no qual ele encontra um outro autor. Ele passa assim de um a outro, próximo na inteligência, distante no uso dos conceitos de seus predecessores.

Não se encontra nos *Sermões* de Eckhart uma linguagem que vise a construir um sistema. Eckhart fala uma linguagem que lhe é própria: ele distingue o homem interior do homem exterior, Deus da deidade etc. Eckhart deixou sua marca em certa maneira de falar, de fazer sermões, sem dúvida alguma. Pode-se reconhecer um estilo eckhartiano. Mas este último não precede da intenção de dizer a última palavra sobre qualquer coisa que seja.

O texto seguinte, que já lemos num capítulo precedente, mas que eu não hesito em citar duas vezes, de tal forma é ele admirável, é uma ilustração excepcionalmente pertinente daquilo que acabamos de dizer:

> Por mínimo, por mais puro que seja aquilo pelo qual eu conheço Deus, ele deve ser descartado. E ainda quando eu tomo a luz que é verdadeiramente Deus, à medida que ela toca minha alma, ainda não é como devia ser. É preciso que eu a compreenda em sua manifestação repentina. Eu não poderia ver realmente a luz que

brilha sobre o meu muro se eu não voltasse os olhos para lá onde ela jorra. E, mesmo neste caso, se eu a capto lá onde ela brota, é preciso que eu esteja libertado desta manifestação repentina; devo captá-la tal como ela paira em si mesma. Mesmo assim, eu continuo dizendo que a coisa não se passa como deveria ser. É preciso que eu não a capte nem em seu contato nem em sua manifestação repentina nem quando ela plana nela mesma, pois tudo isto é ainda um modo. É preciso captar Deus como um modo sem modo, como um ser sem ser, pois não há modo algum.[14]

Ele é, portanto, em sua linguagem, paradoxalmente e ao mesmo tempo modestíssimo e ambiciosíssimo. Eckhart leva sua busca aos confins do indizível, porém sem cair na armadilha fascinante das linguagens globalizantes. Ele jamais pretende ter a última palavra sobre as coisas, pois ele pára sempre pelo caminho para tomar um atalho.

É este um primeiro caráter da linguagem eckhatiana: ela está sempre fora de lá onde se acreditava poder captá-la: lá onde se estaria inclinado a esperar que ele seja tomista, ele é neo-platônico etc. Eckhart joga seus predecessores uns contra outros, e, através desta encenação sutil, abre livremente seu próprio caminho.

A linguagem eckhartiana possui a meu ver uma segunda característica maior: ela precede por associações. Lendo os *Sermões*, pode-se perguntar freqüentemente como o dominicano passa de um tema para outro. A "lógica" de suas exposições é desorientadora. Aí, o fio condutor não é visível. É que em muitos momentos o pregador fala como estivesse no divã de um psicanalista, por livre associação. Ele diz algo e isto o remete a outra coisa.

Sua lógica não é discursiva. Em muitas passagens, sua lógica é associativa. Eckhart não faz de seu discurso uma malha, não atando sobre si mesmo o fio condutor que ele tira de um novelo bem enrolado. Seu discurso não é linear. Ele precede por jatos. Com o tempo, ele desenha,

---

[14] S 71: AH 3, 80.

assim, uma paisagem à qual não falta de forma alguma coerência. As contradições que podem ser encontradas na expressão literal daquilo que ele diz não impedem que ele venha por este meio a desenhar uma espécie de arqueologia inconsciente da alma, uma espécie de geografia mística do desejo que não deixa de dizer-nos alguma coisa.

Falar assim é recusar em ato o princípio de totalidade. O discurso preso por associações é um discurso que logo à primeira vista consente no não-domínio de sua própria intencionalidade. É um discurso sempre quebrado em sua literalidade, sempre aberto, jamais enclausurado. É uma torrente de enunciados que não pretende esgotar o significado dos enunciados que a produzem. É um discurso perpetuamente transpassado pela flecha do desejo que o subtende.

Existe, finalmente, uma terceira característica da linguagem eckhartiana: sua auto-ironia. Ele próprio costuma sempre se divertir com as afirmações que acaba de propor. Os textos de Eckhart comportam múltiplas passagens nas quais ele próprio ri quase afetuosamente daquilo que acaba de dizer. Esta ironia não é jamais chacota; trata-se mais de uma cumplicidade distante. No fundo, não passa de uma maneira de dizer que aquilo que ele acaba de afirmar foi dito "à revelia".

> Cala-te e não vociferes contra Deus, pois se vociferas contra ele, estás mentindo e cometendo um pecado. Se queres ser sem pecado e perfeito, não vociferes contra Deus. Não deves tampouco querer compreender algo a respeito de Deus, pois Deus está acima de todo entendimento.[15]

Do ponto de vista da lógica, há algo de suicida na linguagem de Eckhart: suas proposições se anulam mutuamente, se aniquilam como que para se eclipsar diante daquilo do que elas tentam dar testemunho. Se tomarmos por norma do discurso a lógica formal, os enunciados de Mestre Eckhart, que culminam na maioria das vezes no paradoxo, ficam parecendo desprovidos de sentido.

---

[15] S 83: AH 3, 152; PP 131.

Um sistema de enunciados no qual se pode produzir um paradoxo é um sistema "que não tem valor". Mas é nisto que está precisamente seu valor, pois, ao falar de Deus, ele não pode afastar, pela estrutura de sua conversação, o apofatismo que ele tenta manifestar. É preciso, para que o propósito de Eckhart esteja em harmonia com a busca que ele tenta exprimir, que seus enunciados sejam, rigorosamente falando, não suscetíveis de totalização.

Não lhe resta, finalmente, que uma espécie de itinerário silencioso na direção do inefável.

Estes reparos a respeito da filosofia da linguagem de Mestre Eckhart permitem igualmente exprimir de novo a definição dada por ele do *desapego*.

Eis, com efeito, o que ele dizia:

> Quando uma palavra é concebida na minha razão, ela é inicialmente algo de tão puro e tão incorporal, ela é realmente palavra, até que, no momento em que eu a represento, ela se torna algo de metafórico. E não é senão em terceiro lugar que ela é proferida exteriormente com a boca; e não há aí senão uma manifestação desta palavra interior.[16]

Segundo esta filosofia, a essência do pensamento, a imagem e o enunciado se sucedem. Quanto à palavra, ela é um veículo que permite a passagem de um pensamento de uma cabeça para outra. O homem exterior é um homem que está preso a palavras, amoldado por sua linguagem. Já o homem interior pode fazer experiências que ultrapassam de longe todas as suas possibilidades de compreensão e de expressão. É, portanto, desapegando-se pouco a pouco de suas próprias expressões que se pode, no silêncio, fazer o possível para romper a clausura da linguagem e conhecer esta alegria inefável da alma que se torna Deus. Trata-se de desligar-nos das miragens dogmáticas que pode produzir a nossa capacidade de expressão e, ao mesmo tempo, saber que falar é inevitável. Existe, pois, em Mestre Eckhart uma ascese da linguagem que é um extraordinário apelo à tolerância.

---

[16] *Ibid.*.

# 5
# A essência de Deus

"Perder Deus"; "Perder Deus ainda". O tema se torna *leitmotiv*. É bem verdade que é difícil livrar-se destas imagens de Deus. Afetivas, enraizadas na infância, raciocinadas, todas elas aderem a nossa vida interior a ponto de entravá-la. Entretanto nós não podemos impedir-nos de fabricar imagens de Deus. A imagem, como vimos, é, ao mesmo tempo, caminho e impasse. Caminho, porque, sem imagem, não haveria nenhum ponto de resistência para apoiar o trabalho do desapego. Impasse, pois é precisamente das imagens que se trata de desfazer-se. Nós não podemos impedir-nos de falar (mal) de Deus.

> As pessoas falam de boa vontade daquilo que lhes diz respeito. Aqueles que lidam com ferramentas falam com prazer de ferramentas; os que se ocupam de sermões falam com prazer de sermões. Um homem de bem não fala com prazer de Deus.[1]

O próprio Eckhart fala disso em muitas ocasiões. A meu ver, três grandes temas emergem dos assuntos de conversa eckhartianos sobre Deus: sua paternidade, sua insondabilidade e sua uni-

---
[1] S 13: AH 1, 128-129.

dade. "A essência de Deus", se é que posso correr o risco de usar esta expressão, é a geração da unidade futura a partir de uma insondável unidade originária.

**A geração**

No sermão por ele consagrado ao nascimento de João Batista, Eckhart explica que o mais nobre desejo de Deus é o de gerar:

> O tempo de Isabel foi cumprido e ela deu à luz um filho. João é seu nome. Neste caso alguém poderia dizer: O que será, pois, esta criança? Pois a mão de Deus está com ele. Com efeito, está escrito: O maior dom é o de que sejamos filhos de Deus e que ele gere em nós seu Filho. A alma que quer ser filho de Deus não deve gerar nada nela mesma: nenhuma outra coisa deve ser gerada naqueles nos quais o Filho de Deus deve nascer. O mais nobre desejo de Deus é o de gerar. Ele não está satisfeito enquanto não gerar em nós seu Filho. Do mesmo modo, a alma não está jamais satisfeita se o Filho de Deus não nasce nela. E é então que jorra a graça.[2]

Mas donde provém esta espantosa correspondência dos desejos? Pois Deus não está satisfeito a não ser quando gera seu Filho na alma e esta continua insatisfeita enquanto Deus não tiver gerado seu Filho nela. O fato é que há na alma uma *centelha* de divindade que Deus, por assim dizer, procura conquistar depois de tê-la criado:

> A alma é criada muito acima do Céu e, naquilo que ela tem de mais elevado e de mais puro, ela nada tem a ver com o tempo. Tenho falado freqüentemente da operação em Deus e do nascimento: o pai gera o Filho único e desta efusão desabrocha o Espírito Santo que é o Espírito de um e de outro; nesta efusão, a alma brota

---

[2] S 11: AH 1, 114-115.

e flui, e a imagem da divindade é impressa na alma e, neste fluxo e refluxo das três pessoas, a alma é reconduzida e é em compensação formada em sua primeira imagem sem imagem.[3]

A centelha não alcança sua plenitude, não inflama a alma toda inteira a não ser que Deus gere seu Filho na alma. Ela aspira a este abrasamento segundo a ordem da criação e Deus aspira a isto muito mais forte ainda segundo a ordem de seu desejo de unidade:

> O Deus incomensurável que está na alma agarra o Deus que é incomensurável. Deus agarra então Deus e gera a si mesmo na alma e a forma conforme ele.[4]

O prazer de Deus está em gerar. A geração corresponde tão profundamente a sua natureza como a insondabilidade e a unidade:

> Eu já disse isso alhures: se alguém me perguntasse o que faz Deus no céu, eu diria: ele gera seu Filho, ele gera sem cessar em sua novidade e em seu frescor, experimentando uma alegria tão grande nesta obra que ele não faz mais nada a não ser completá-la.[5]

Esta geração do Filho pelo Pai é uma geração mútua, pois não existe Pai sem Filho. O que faz o Pai é a presença do Filho. E não existe Filho sem Pai. É desta mútua geração que nasce o Espírito. É por isso que a vida da Trindade é do amplexo da geração mútua.

Mas esta geração não permanece puramente interna à Trindade. Deus experimenta, por assim dizer, um prazer imenso em

---

[3] S 50: AH 2, 129.
[4] S 84: AH 3, 158.
[5] S 31: AH 2, 9.

gerar, para não desejar gerar seu Filho em toda alma a fim de que esta reconheça nele seu Pai e nela mesma seu Filho:

> Toda a alegria de Deus está no nascimento; é por isso que ele gera seu Filho em nós a fim de que nós encontremos nisto toda a nossa alegria e geremos, ao mesmo tempo que ele, este mesmo Filho segundo sua natureza, pois Deus encontra toda a sua alegria no nascimento, e é por isso que ele gera em nós a fim de que ele tenha toda a sua alegria na alma e que nós tenhamos toda a nossa alegria nele.[6]

Seria iluminador precisar aquilo que nos distingue do Filho único. Eckhart não deixa de fazê-lo:

> Ora um evangelista escreve: "este é o meu Filho bem-amado no qual me comprazo". Ora outro evangelista escreve: "este é o meu Filho bem-amado no qual todas as coisas me comprazem". E um terceiro evangelista escreve: "Este é o meu Filho bem-amado com o qual me comprazo eu mesmo" (Mc 1,11; Lc 3,22; Mt 3,17). Tudo aquilo que agrada a Deus lhe agrada no seu Filho único. Entre o Filho único e a alma, não há distinção.[7]

Mas se não existe distinção entre a alma e o Filho único, isto significa que cada alma seja Cristo? De forma alguma. Cada alma pode deixar gerar nela o Filho e assim tornar-se pela graça aquilo que o Filho único é por natureza. Só Jesus é homem e Deus por natureza. Nós somos homens por natureza e Deus é gerado em nós pela graça; nós nos tornamos por graça aquilo que ele é por natureza:

> Nosso Senhor Jesus Cristo é um Filho único do Pai e só ele é homem e Deus. Não existe, portanto, senão um Filho em um ser, e

---

[6] S 59: AH 2, 194.
[7] S 10: AH 1, 110-111.

este é o ser divino. Assim, nós nos tornamos um nele se não temos outro pensamento a não ser ele.⁸

É pela graça do Espírito que podemos não ter outro pensamento que ele e nos tornamos como ele o Filho cada vez único do Pai. É pela graça do Espírito que nós podemos <permanecer> sem cessar na contemplação da Divindade, <e dar>, em retorno por um parto, um louvor ininterrupto ao senhorio paterno.⁹

O parto em retorno é tudo aquilo que pode satisfazer a Deus. É o reconhecimento da parte da alma da paternidade de Deus nela. É a glória de Deus. É por isso que somos os pais de Deus. Sem Filho para reconhecer sua paternidade, Deus não seria pai. É assim que o filho gera não o ser de seu pai enquanto indivíduo, mas sua paternidade enquanto pai:

> Ele me gerou eternamente como seu Filho único na mesma imagem de sua eterna paternidade, a fim de que eu seja pai e gere aquele do qual fui gerado da mesma forma como se alguém se encontrasse diante de uma montanha muito alta e gritasse: "Você está aí?", a ressonância do eco lhe responderia: "Você está aí?", do mesmo modo, se ele dissesse: "Saia!", o eco responderia também: "Saia!"¹⁰

A geração do Filho na alma chama em eco a geração do Pai em Deus. Disso se segue que este parto, em compensação, não deve se comprazer na ilusão de estar já acabado. Ele é inacabável, rigorosamente falando, enquanto a alma não está morta para ela mesma. Ele não impede que um sinal se manifeste quando está a caminho: a alegria.

---

⁸ S 41: AH 2, 72.
⁹ S 49: AH 2, 122.
¹⁰ S 22: AH 1, 193.

> Quando acontece que a criança nasça em ti, tu experimentas uma alegria tão grande por toda boa obra realizada neste mundo, que a tua alegria adquire a maior constância e que nada a altere. [...] Se, portanto, tu chegas a ponto de não mais poder sentir nem desgosto, nem aflição, por causa, de seja lá o que for, que o sofrimento não seja mais para ti sofrimento e que todas as coisas sejam para ti pura alegria, a criança nasceu realmente em ti.[11]

O caráter necessariamente inacabado do nascimento de Deus na alma não deve desencorajar ninguém. Ele é um simples aviso da insondabilidade de Deus.

## A insondabilidade

A "negatividade" do conhecimento de Deus em Mestre Eckhart se manifesta a cada página da coleção dos *Sermões*. É, pois, mais do que necessário expor os grandes temas destes sermões. Uma simples advertência a respeito do essencial deles poderá bastar:

> Sim, o próprio Deus não repousa lá onde ele é o primeiro começo; ele repousa lá onde ele é um termo e um repouso de todo ser, não que este ser seja aniquilado; longe disso, ele é completo lá no seu termo supremo segundo a mais alta perfeição. Mas o que é este termo supremo? É a treva oculta da eterna divindade; ela é desconhecida, ela não foi jamais conhecida, ela não será jamais conhecida. Deus permanece lá em si mesmo desconhecido, e a luz do Pai eterno brilhou lá eternamente, mas as trevas não apreendem a luz.[12]

---

[11] S 76: AH 3, 115.
[12] S 22: AH 1, 195-196.

Que a divindade seja insondável, nós temos disso o sinal que mediação alguma pode ser proposta para facilitar o acesso a ela. Com efeito, e neste aspecto de sua pregação Eckhart não cessará jamais de insistir, ir atrás de qualquer coisa ao mesmo tempo que de Deus acaba afastando de Deus. É preciso procurar Deus exclusivamente, como o "modo sem modo"! E, entretanto, as mediações nos são necessárias. É por isso que, ao partir em busca de Deus, o Mestre tolera que a alma se apóie em mediações, com a condição, porém, que ela não se atole jamais em sua relatividade:

> Saiba que se tu procuras de alguma maneira teu próprio bem, não encontrarás jamais Deus porque não procuras exclusivamente Deus. Tu procuras alguma coisa ao mesmo tempo que Deus e é exatamente como se fizesses de Deus uma vela com a qual se procura alguma coisa e quando se encontram estas coisas que se procuram, põe-se de lado a vela. Tu ages assim: aquilo que tu procuras ao mesmo tempo que Deus é nada, seja lá o que for, lucro ou recompensa ou interioridade; tu procuras um nada, e é por isso que encontras também um nada. A causa de encontrares um nada é unicamente o fato de procurares um nada. Todas as criaturas não passam de um nada. Não estou dizendo que elas sejam mínimas ou que sejam qualquer coisa: elas são um puro nada. Aquilo que não tem nenhum ser é nada. Todas as criaturas não têm nenhum ser, pois seu ser depende da presença de Deus. Se Deus se afastasse por um instante sequer de todas as criaturas, elas se tornariam nada. Já o disse e repito, pois é a pura expressão da verdade: aquele que acrescentasse o mundo inteiro a Deus não teria nada a mais do que se tivesse Deus somente. Todas as criaturas, sem Deus, não têm mais ser do que aquele que possuísse a chama de uma vela, sem Deus, exatamente do mesmo modo, nem mais nem menos.[13]

---

[13] S 4: AH 1, 65

É, portanto, a inversão da justa relação com as coisas que nos estorva e não as coisas em si mesmas:

> Se nós estivéssemos assim [num humilde aniquilamento de nós mesmos], este bem [o amor de Deus] seria manifesto em nós. Nós mesmos é que somos a causa de todos os nossos obstáculos.[14]

É por isso que devemos compreender que a inversão da justa relação com as coisas é, rigorosamente falando, uma mentira pela qual as coisas nos possuem porque pensamos possuí-las:

> Durante todo o tempo que eu possuo a criatura e durante todo o tempo que a criatura me possui, aí está a mentira.[15]

A libertação dessa mentira, como já se pôde perceber e como se perceberá melhor ainda em seguida, no capítulo consagrado à libertação, consiste em considerar em todas as coisas não uma ocasião de posse, mas a honra e a justiça de Deus.

Essa problemática da insondabilidade de Deus culmina, a meu ver, no registro prático da oração. Com efeito, não só não convém que eu peça seja lá o que for a Deus uma vez que não sou seu criado[16] e, rigorosamente falando, pedir a Deus alguma coisa que não seja ele mesmo é uma inépcia. E como não sabemos quem é ele, pedir-lhe que se dê a nós é ainda proteger-nos dele, e, conseqüentemente, a melhor oração é a ausência consentida e lúcida de toda oração. Pode-se julgar isso observando a progressão no ensinamento do Mestre:

> Recentemente, veio-me este pensamento quando eu rezava meu *Pater noster* que o próprio Deus nos ensinou. Quando dize-

---

[14] S 5a: AH 1, 73..
[15] S 13: AH 1, 128.
[16] Ver o texto citado, p. 54, n. 34.

mos: "Venha o teu reino! Seja feita a tua vontade!" nós pedimos sempre a Deus que ele nos eleve acima de nós mesmos.[17]

É por isso que é realmente uma loucura pedir a Deus alguma coisa diferente dele mesmo; isto é algo indigno dele, pois ele não é nada com mais boa vontade que ele mesmo.[18]

"Rogo-te." Quando eu peço alguma coisa, não estou rezando. Quando eu não peço nada, aí, sim, estou rezando realmente.[19]

Assim, toda mediação é enganosa no percurso da caminhada da alma para Deus, a não ser o silêncio e o repouso. Isto porque Deus é Uno e, no fundo, a unidade é ausência de oposição. Ora, a linguagem repousa sobre diferenças e sistemas de oposições; os lingüistas de hoje descobriram de novo isto depois dos gramáticos e dos Mestres de retórica, que já sabiam disso desde a mais remota Antigüidade. E a oração, que surge de um desejo, manifesta, também ela, a tensão e a oposição entre aquilo que é e aquilo que deveria ser. Deus, que é Uno, não se contenta com oposição alguma.

## A unidade

A questão do Uno e do Múltiplo freqüenta o pensamento ocidental desde a origem. Ela toma em Mestre Eckhart uma feição particular e encontra por conseqüência uma resposta original pela relação com as tradições platônica e aristotélica que dominavam na época as controvérsias da Escola.

Como é possível que exista uma multiplicidade de coisas que têm em comum traços que fazem com que sejam designadas pelo

---

[17] S 27: AH 1, 228.
[18] S 59: AH 2, 133.
[19] S 65: AH 3, 38.

mesmo nome? De fato, elas são todas exemplares imperfeitos de uma Idéia única e perfeita, respondia Platão (e depois dele os neo-platônicos). Elas não passam de materializações contingentes de uma mesma forma, respondia Aristóteles, seguido particularmente por frei Tomás. Fiel a seu hábito, Eckhart se apóia nas doutrinas de seus antecessores sem jamais adotá-las plenamente.

Ele leva em consideração a multiplicidade das criaturas e em particular a multiplicidade das almas, como também a unicidade de Deus e seu irreprimível desejo de unidade. Em seguida, ele desenvolve de uma maneira extremamente poética um verdadeiro cortejo nupcial de Deus em presença da alma que ele exorta a deixar-se seduzir:

> Deus tem de tal forma necessidade da nossa amizade que não pode esperar que nós lhe supliquemos; ele próprio vem ao nosso encontro, pedindo-nos que sejamos seus amigos, pois ele deseja que queiramos que ele nos perdoe.[20]

> Eu já disse várias vezes que Deus se comportou eternamente como se ele tivesse procurado com fervor a maneira como poderia agradar à alma.[21]

> Deus está de tal forma inflamado de amor por nós, que parece que ele tenha esquecido o Céu e a Terra e toda a sua felicidade e toda a sua Divindade para ter de se haver apenas comigo somente para me dar tudo aquilo que me pode consolar.[22]

É, portanto, de uma relação amorosa que se trata, e este Deus enamorado da alma está disposto a deixar tudo, até a profundeza tenebrosa e insondável de sua divindade, para se manifestar àquela que ele quer seduzir. Ele é ao mesmo tempo um Deus escondido e um amante tímido:

---

[20] S 27: AH 1, 226.
[21] S 47: AH 2, 107.
[22] S 79: AH 3, 128.

Ninguém jamais teria podido encontrar Deus, como diz o profeta: "Senhor, tu és o Deus escondido". – Onde está esse Deus? – Do mesmo modo que acontece com o homem que, quando se esconde, se ele tosse, ele se manifesta por isso, deste mesmo modo se comporta Deus. Ninguém jamais teria podido encontrar Deus, mas ele próprio se manifestou.[23]

E como um enamorado cuja paixão o torna enlouquecido, Deus não suporta sequer a idéia que a alma por ele amada lhe seja infiel:

> Para falar pura e simplesmente a verdade por aquele que fosse assim fiel, Deus experimentaria uma alegria tão grande e inexprimível que aquele que o privasse dessa alegria o privaria totalmente de sua Vida, de seu ser e de sua divindade.[24]

E Deus, se assim posso falar, serve-se de suas prerrogativas de criador para se tornar mais próximo do objeto de seu desejo:

> Deus está mais próximo da alma do que ela própria o está de si mesma.[25]

O que Deus mais deseja, à semelhança de um amante, é a reciprocidade dos sentimentos que ele consagra à amada. Mas esse amor dado em retorno não é possível a não ser que a alma amada por ele esteja despojada dela própria e se deixe penetrar pela força do amante que desperte assim nela os ardores da reciprocidade:

> É preciso que a alma, que deve amar a Deus e à qual ele deve se comunicar, esteja completamente despojada da temporalidade e

---

[23] S 79: AH 3, 128-129.
[24] S 66: AH 3, 42.
[25] S 10: AH 1, 107.

de todo o gosto pelas criaturas; que Deus não saboreie nela a não ser seu próprio gosto.[26]

Oferecer a seu amante a oportunidade de encontrar nela seu próprio gosto e receber, assim, nela, o fogo divino que revela sua própria fagulha divina, tal é o destino da alma amada. É isto, aliás, o que explica que:

> Jamais nada foi mais alegre de realizar por alguém, que não seja para a alma que possui a graça de Deus, de deixar todas as coisas.[27]

E, com efeito:

> seria um verdadeiro prodígio se a alma que alguma vez tenha saboreado Deus e feito a experiência de Deus jamais pudesse gostar de qualquer outra coisa.[28]

Em outras passagens dos *Sermões*, Eckhart celebra a amizade entre amigos para indicar o ponto mais forte do desejo de unidade recíproca da alma e de Deus:

> Se eu tivesse um amigo e o amasse unicamente porque recebo dele algum favor e porque ele faz todas as minhas vontades, neste caso eu não amaria meu amigo, mas a mim mesmo. Quero amar meu amigo, mas unicamente por sua bondade própria e por sua virtude própria, como também por tudo aquilo que ele é em si mesmo; somente neste caso é que amo realmente meu amigo, como acabo de dizer. O mesmo se passa com o homem fundado no amor de Deus; um homem assim não procura em Deus nada que lhe seja próprio, nem por ele mesmo nem por qualquer coisa,

---

[26] S 73: AH 3, 91.
[27] S 73: AH 3, 91.
[28] S 73: AH 3, 90.

seja ela qual for; este homem ama a Deus unicamente por sua própria bondade, pela bondade de sua natureza e por tudo aquilo que ele é em si mesmo: eis o verdadeiro amor.[29]

Assim, pois, é pela sedução que Deus une o múltiplo. É pelas finuras do amor que a unidade emerge da multiplicidade:

> Se Deus estivesse em mim, mas eu não estivesse em Deus, ou se eu estivesse em Deus, mas Deus não estivesse em mim, isto seria dualidade. Mas estando Deus em mim e eu em Deus, nem eu sou menor nem Deus é mais elevado.[30]

Longe de nós qualquer dualidade! Eis a palavra de ordem da união do múltiplo, da reunião dos singulares. Um texto impressionante exprime este paradoxo da universalidade do singular em Deus.

> O seguinte pensamento me veio um dia, não há lá muito tempo: o fato de ser eu um ser humano não significa lá muita coisa, pois qualquer outro ser humano tem isso de comum comigo; o mesmo se diga do fato que eu vejo, ouço, como e bebo, pois o animal faz tudo isso; agora que eu seja eu mesmo, isto não pertence a nenhum outro ser humano mas somente a mim; nem a um ser humano, nem ao anjo nem a Deus, a não ser à medida que eu sou um com ele; como se vê, trata-se de uma pureza e de uma unidade.[31]

Em Eckhart, o tempo que passa é uma das mais fortes manifestações da multiplicidade:

> O tempo e o espaço são múltiplos; só Deus é Uno.[32]

---

[29] S 28: AH 1, 231-232.
[30] S 27: AH 1, 227.
[31] S 28: AH 1, 233.
[32] S 68: AH 3, 56.

Deus é "Uno"; ele é uma negação da negação.[33]

É por isso que ele próprio pôde dizer que:

> Nada é tão contrário a Deus como o tempo. Não só o tempo, mas um apego ao tempo; digo mais: não só um apego ao tempo, mas um contato com o tempo; vou mais longe ainda: um aroma e um odor do tempo, do mesmo modo como um odor continua lá onde uma maçã o colocou. É assim que se deve entender o contato com o tempo.[34]

Deus em sua unidade é, assim, a origem e o fim de todas as coisas, sendo que sua essência não se realiza a não ser na unidade:

> "Um só Deus." Pelo fato de ser Deus Uno, a divindade de Deus é perfeita. O que eu quero dizer é o seguinte: Deus não poderia jamais gerar seu Filho único se ele não fosse "Uno". Pelo fato de ser Uno, Deus leva consigo tudo aquilo que ele realiza nas criaturas e na Divindade. Digo mais: só Deus possui a unidade. A natureza própria de Deus é a unidade; é disso que Deus tira o fato de ser Deus, sendo que sem isso ele não seria Deus. Tudo aquilo que é número depende do Uno e o Uno não depende de nada. A riqueza, a sabedoria e a verdade de Deus são absolutamente Uno em Deus; ele não é Uno, ele é a própria Unidade. Deus tem tudo aquilo que existe no Uno, este Uno que está nele. Uma vez que não possui o Uno, a alma não encontra jamais seu repouso enquanto tudo não se tornar Uno em Deus. Deus é Uno; tal e a beatitude da alma, como também seu ornamento e seu repouso.[35]

Deus é Uno e sua unidade é unificadora. Sua unidade é princípio de atrativo. Todas as coisas são uma coisa só em Deus, por

---

[33] S 21: AH 1, 186.
[34] S 50: AH 2, 128-129.
[35] S 50: AH 2, 128-129.

estarem relacionadas com a honra de Deus; elas estão no lugar em que devem estar: no único louvor de sua paternidade.

E o místico dominicano, mais uma vez, cede a palavra a um grande Mestre do qual tira ele esta surpreendente síntese:

> É por isso que diz Santo Agostinho: se eu conhecesse todas as coisas, mas não conhecesse Deus, eu não teria conhecido nada. Mas se eu conhecesse Deus e não conhecesse nenhuma outra coisa, eu teria conhecido todas as coisas.
>
> Quanto mais alguém conhece Deus lúcida e profundamente como Uno, tanto mais esse alguém conhece a raiz donde saíram todas as coisas. Quanto mais alguém conhece como Uno a raiz, o núcleo e o fundo da divindade, tanto mais esse alguém conhece todas as coisas.[36]

Deste modo a paternidade – ou a geração –, a insondabilidade e a unidade podem ser consideradas como sendo as principais facetas da personalidade de Deus.

Mas, como se tornou agora evidente, tais afirmações não são enunciadas a não ser para serem contraditas. Neste sentido, Deus não é nem pai, nem insondável, nem uno. *Nós* é que somos pais, insondáveis e unos.

Isto não impede que a sedução amorosa da alma por Deus não tenha ainda chegado a seu ponto culminante.

---

[36] S 54a : AH 2, 160.

# 6
# O beijo da divindade

Deus é o princípio da geração da unidade na alma e entre a alma e ele. E a realização de seu desejo de unidade toma a forma de uma corte amorosa que ele faz à alma. Encarado do ponto de vista de Deus, esse nascimento é uma conquista. Encarado do ponto de vista da alma, é um arrebatamento. O lado masculino dessa reciprocidade amorosa foi lembrado no capítulo precedente. Trata-se agora de elucidar o pólo feminino dessa sedução.

### A centelha da alma

Como é que acontece que a alma, que é criada, possa ser sensível às tentativas de seu criador e receber suas homenagens? É preciso que ela tenha em si algo de divino. E é precisamente isto o que ensina o Mestre dominicano:

> Tenho dito e repetido que existe na alma um poder que não diz respeito nem ao tempo nem à carne; ele flui do espírito e permanece no espírito: é absolutamente espiritual. Neste poder, Deus verdeja e floresce absolutamente em toda a alegria e toda a honra que ele é em si mesmo. É uma tal alegria do coração, uma alegria tão inefavelmente grande que ninguém é capaz de exprimir ple-

namente. De fato, o Pai eterno gera sem cessar seu Filho eterno nesse poder, de maneira que esse mesmo poder coopera para o nascimento do Filho do Pai e dele mesmo, como sendo o mesmo Filho nesse mesmo poder do Pai.[1]

Esta centelha existe desde a origem da alma; poder-se-ia dizer com Eckhart que ela é o âmago da alma, sua intimidade mais escondida. A sedução divina consiste em avivar tal centelha e, a partir dela, abrasar a alma toda inteira. Mas para que o fogo desta espécie possa arder, é preciso que a alma esteja preparada. Para ser raptada e arrebatada por Deus e nele permanecer, a alma deve ser cega, humilde e verdadeira. Em poucas palavras, ela deve estar desapegada de tudo e em repouso. Para ser penetrada por Deus até seu âmago, é preciso que ela seja tão desejosa de Deus que nenhuma outra coisa nem a toque nem a afete.

> Tenho dito e repetido: aquele que quer ver Deus deve ser cego.[2]

Eu disse cego: isso porque não só "o amor é cego", quer dizer, não tem olhos a não ser para o amado, mas sobretudo porque ninguém, a não ser Deus, pode ocupar seu olhar. O amor de Deus é exclusivo da atenção dirigida às criaturas em si mesmas. Não é senão em conseqüência da abertura que o amor de Deus se tornará inclusivo de todas as criaturas reconsideradas à luz da honra de Deus.

E, com efeito, Eckhart declara alhures:

> É um ser celeste aquele ser humano para o qual todas as coisas não têm importância suficiente para que possam tocá-lo.[3]

---

[1] S 2: AH 1, 54.
[2] S 72: AH 3, 85.
[3] S 8: AH 1, 93.

E ainda:

> Na verdade, o homem nada pode oferecer de mais agradável a Deus que o repouso. Deus não se preocupa absolutamente com jejuns, orações nem com todas as penitências nem tem necessidade de nada disso, pois nada disso se pode comparar com repouso. Deus não tem necessidade de nada a não ser de que lhe ofereçamos um coração em repouso; é então que ele opera na alma obras secretas e divinas tais que nenhuma criatura pode ajudá-lo nisto nem tampouco vê-las.[4]

É somente com tais disposições que o desejo de Deus pode ser realizado. Com sua poética do concreto, Eckhart resume tal exigência pedindo que a alma seja mulher e não virgem somente:

> Notai-o e estai atentos! Se o ser humano fosse sempre virgem, ele não produziria nenhum fruto. Para que ele seja fecundo, é preciso que ele seja mulher. "Mulher" é o nome mais nobre que possa ser atribuído à alma, muito mais nobre que virgem. É bom que o ser humano acolha Deus em si, pois nesse acolhimento ele é virgem. Mas melhor ainda é que Deus se torne nele fecundo, pois a fecundidade do dom é o único reconhecimento pelo dom, sendo que neste caso o espírito é mulher no reconhecimento que, por sua vez, dá à luz Jesus em retorno no coração paterno de Deus.[5]

É nestas condições que acontece a união da alma com Deus; é a esta união que Eckhart chama ora de nascimento do filho na alma, ora de ósculo da divindade na alma, segundo, sem dúvida, se trate do ponto de vista da paternidade de Deus ou do êxtase da alma seduzida pelo seu criador:

---

[4] S 60: AH 3, 11.
[5] S 2: AH 1, 52.

É aqui que se dá a unidade de Deus e do homem humilde, pois a virtude que tem por nome humildade tem sua raiz no âmago da Divindade no qual está implantada, para que ela tenha seu ser unicamente no Uno eterno e em nenhuma outra parte.[6]

Mas existe uma outra condição para esse beijo: a verdade:

"O que é a verdade?", pergunta Eckhart. Somente o Filho é a verdade, não o Pai nem o Espírito Santo; na realidade eles são uma só verdade em sua essência. A verdade existe quando eu revelo aquilo que está dentro do meu coração e o exprimo com a minha boca, tal como o tenho no meu coração, sem hipocrisia e sem dissimulação. Sendo a revelação a verdade, só o Filho é, portanto, a verdade.[7]

E sempre na mesma ordem de idéias, o místico turíngio acrescenta:

A boca da alma é a parte superior da alma; é aquilo em que ela pensa [quando ela] diz: "Ele colocou sua palavra em minha boca". É isto o beijo da alma; a boca tocou a boca, então o Pai gera seu Filho e, então, a palavra lhe é endereçada.[8]

Quando a alma está disposta e prestes a receber seu amante, este coloca sua palavra na boca da alma. Já não será ela que falará, mas ele por ela. Mas isso não pode se dar senão quando a alma atingiu o repouso e o silêncio. Assim, ela torna-se profeta (literalmente: porta-voz) de seu amante.

O ósculo da divindade na alma lhe solta a língua e, então, ela fala verdadeiramente, podendo dizer o fundo de seu coração onde seu amante estabeleceu domicílio. A alma, então, por ser

---

[6] S 15: AH 1, 141.
[7] S 34: AH 2, 24.
[8] S 53: AH 2, 153.

habitada por Deus, fala de Deus verdadeiramente. Ela se torna o espelho de Deus no universo e, por meio dela, o universo é transfigurado:

> Existe na alma um poder que separa o que é mais grosseiro daquilo que está unido a Deus: é a centelhazinha da alma. Minha alma se torna ainda mais una com Deus que o alimento com meu corpo.[9]

> E, se devemos um dia chegar até o âmago de Deus e até aquilo que ele tem de mais interior, é preciso antes que cheguemos até o nosso próprio âmago e até aquilo que temos de mais interior, e isto com toda humildade.[10]

É, portanto:

> Na medida em que alma chega até o âmago e o mais interior de seu ser [que] nesta mesma medida o poder divino se derrama absolutamente nela [e que], ela aí opera muito secretamente, manifestando obras grandiosíssimas [e que], a alma se torna assim muito grande, elevada no amor de Deus que é semelhante ao ouro puro.[11]

É, aliás, nesse arrebatamento que se dão tanto a divinização da alma como a transfiguração da criação que, de obstáculo ao conhecimento de Deus, se torna o livro da vida em Deus:

> Quando a fagulhazinha da alma está segura em Deus em sua pureza, o "homem" vive. É então que acontece o nascimento e é então que o Filho nasceu. Este nascimento não acontece uma vez por ano nem uma vez por mês, nem uma vez por dia, mas o tempo

---

[9] S 20a: AH 2, 174.
[10] S 54a: AH 2, 158.
[11] S 54a: AH 2, 158.

todo, quer dizer, acima do tempo, na amplidão onde não existe nem aqui nem agora nem natureza nem pensamento.[12]

O silêncio, o desapego, o repouso da alma são condições de sua "interiorização" cujo termo consiste em encontrar a centelhazinha que está no fundo de seu escaninho obscuro, lá onde ela é uma parcela da divindade em nós, eco da única divindade. É então que acontece o nascimento do Filho em nós. É então que a alma é abrasada pelo ósculo da divindade. É então que se opera a abertura do ser.

**A abertura do ser**

Mas o que vem a ser ao certo esta parcela de divindade? O mestre dominicano responde a essa pergunta sem romper com seu hábito de usar generosamente a negação:

> Tenho dito de vez em quando que existe no espírito um único poder que é livre. Tenho dito também que existe um guarda do espírito; disse ainda que existe uma luz do espírito, como também veio dizendo que existe uma centelha; tudo isso tenho dito, mas agora digo: não existe nem isto nem aquilo; no entanto existe algo que é mais elevado acima disto e daquilo do que o Céu o é da Terra.
> É por isso que eu agora o nomeio de uma maneira mais nobre do que aquela como jamais o nomeei, e, no entanto, ele nega tão bem a nobreza muito acima da qual está o modo e ele próprio. Ele é livre de todos os nomes, desprovido de todas as formas, absolutamente desembaraçado e livre, como Deus mesmo é desembaraçado e livre em si mesmo.
> Ele é tão absolutamente uno e simples como Deus é uno e simples, de maneira que não nos é possível olhá-lo segundo al-

---

[12] S 37: AH 2, 44.

gum modo. Este mesmo poder do qual falei, no qual Deus floresce e verdeja com toda a sua divindade e o Espírito em Deus; neste mesmo poder, o Pai dá nascimento a seu Filho único tão verdadeiramente como nele próprio, pois ele vive verdadeiramente neste poder, e o Espírito dá nascimento ao mesmo tempo que o Pai a este mesmo Filho único e a ele mesmo, o mesmo Filho, e ele é o próprio Filho nesta luz, sendo ele a verdade.

Se pudésseis reconhecê-lo com o meu coração, compreenderíeis aquilo que digo, pois é verdadeiro e a própria verdade o diz.[13]

Em resumo, é o próprio Deus que consome lentamente sob a cinza a centelhazinha da alma, esperando que ela arda e queime. A sedução da alma por Deus é, pois, o reencontro de Deus com Deus na alma. Este reencontro, ato de unidade, é obra de Deus somente. A alma no caso nada pode fazer, a não ser abster-se de opor-se a isso.

É, sem dúvida, desse modo que se poderia compreender a obra do diabo (etimologia grega: *diaballein*): separar Deus dele próprio na alma sustentando nela a resistência natural à geração do Filho. Mas a unidade é obra exclusiva de Deus:

É obra de Deus, e a obra é tão nobre e tão elevada que só Deus pode realizá-la. Ora, é bom que se saiba que toda a nossa perfeição e toda a nossa felicidade consistem no seguinte: que o homem faça a abertura e ultrapasse todo o criado, toda a temporalidade e todo o ser, penetrando no fundo que é sem fundo.[14]

É sempre a Deus que cabe realizar a obra da unidade. Eckhart o exprime em todos os seus sermões, mas há uma passagem particularmente significativa na qual ele evoca o Cântico dos Cânticos:

---

[13] S 2: AH 1, 55-56.
[14] S 42: AH 2, 78-79.

Mas será que não existe nenhum meio pelo qual possamos conhecer a Deus perfeitamente? – Sim, e a alma fala dele no Livro do Amor: "Meu bem-amado me olhou por uma janela" – quer dizer, sem obstáculo – "e eu o percebi, ele estava junto do muro" – quer dizer, junto do corpo que é perecível – e ele diz: "abre-me, minha amiga!" – quer dizer, ela é absolutamente minha no amor, pois "ele só existe para mim e eu existo somente para ele"; "minha pomba" – quer dizer, simples no desejo – , "minha bela" – quer dizer, nas obras –"levanta-te depressa e vem para mim! Passou a frialdade", pela qual todas as coisas morrem e do mesmo modo todas as coisas revivem no calor. "A chuva cessou" – é a voluptuosidade das coisas efêmeras. "As flores desabrocharam na nossa região": as flores são o fruto da vida eterna. "Foge, vento do norte!" que desseca – com isso Deus ordena à tentação que não faça mais obstáculo à alma. "Vem, vento do sul, e sopra através do meu jardim para que jorrem meus perfumes"; nesta passagem Deus ordena a toda perfeição que penetre na alma.[15]

Conhecer a Deus é deixar-se cortejar pelo seu criador! Esta afirmação, estranha à primeira vista, será o assunto do último capítulo deste ensaio onde ela será vista em toda a sua amplidão. Seja lá o que for, os prelúdios amorosos da alma com seu criador são necessários porque se o amplexo devesse realizar-se demasiado rápido, a alma poderia ver-se ameaçada por ele:

> Em seguida, ele se revelou pouco a pouco a ela. Se ele se tivesse revelado a ela de uma só vez, quando ela experimentava um tal desejo, ela teria morrido de alegria. Se a alma soubesse quando Deus penetra nela, ela morreria de alegria, e se ela soubesse também quando ele a abandona, ela morreria de dor. Ela não sabe nem quando ele vem nem quando ele vai-se embora; sem dúvida ela pressente quando ele está perto dela. Um Mestre diz: 'sua vinda e

---

[15] S 57: AH 2, 181-182.

sua partida são ocultas. Sua presença não é oculta, pois é uma luz e a natureza da luz é a de se manifestar".[16]

Deus é um amante atencioso, que trata sua amada com ternura, respeito, amabilidade e delicadeza. Ele sabe transformar sua presença na alma totalmente em fineza interior, de maneira que ela não sofra por seu retiro nem desfaleça por sua entrada nela. A alma é como que impregnada de sua presença que, simplesmente, em certos momentos, se torna mais explícita. Mesmo estando presente, ele se faz discreto. E, ausente, ele sabe estar presente. Sua luz nela é permanente. De tempos em tempos ela aparece mais explicitamente! Que poema dedicado à verdadeira ternura! Que hino à cumplicidade profunda! Que canto a esta conivência, tão discreta como fortemente enlaçada, que só conhecem os verdadeiros amores. A alma é arrebatada. Mas este arrebatamento descarta toda violência. Esta paixão está toda posta na doçura.

E o místico dominicano, ao qual jamais faltam imagens, nos apresenta desta terna paixão uma metáfora excepcionalmente eloqüente:

> Se alguém imprime um selo numa cera verde ou vermelha ou sobre um tecido, isto produz sempre uma imagem. Se o selo é totalmente impresso através da cera, de maneira que nada subsista da cera que não seja absolutamente penetrada pelo selo, a cera não faz senão uma coisa só com o selo, sem diferença. Assim a alma é totalmente unida a Deus na imagem e na semelhança quando ela o toca por um verdadeiro conhecimento.[17]

O amante criador imprime seu selo na alma e, na imagem assim formada, eles se encontram doravante unidos para sempre. A alma, que já fora criada à imagem de Deus, desabrocha na se-

---

[16] S 56: AH 2, 174.
[17] S 32: AH 2, 14.

melhança explícita, amorosamente consentida, apaixonadamente desejada, com seu amante.

É assim que a alma e Deus fazem juntos sua abertura. A iniciativa pertence ao criador, o consentimento ou a resistência à criatura que pode pôr em situação crítica o desejo divino ou então considerar este mesmo desejo. A abertura do ser, quer dizer, o advento do ser em sua verdade oculta desde as origens é, portanto, uma geração mútua, um parto recíproco, um nascimento frente a frente:

> Entretanto, o espírito não está satisfeito a não ser que penetre mais adiante no cimo e na origem, lá onde o espírito tira sua origem. Este espírito tudo compreende segundo o número sem número, sendo que não existe número no tempo da deficiência. Ninguém tem uma outra raiz na eternidade, não existindo lá ninguém sem número. Este espírito deve ir além de todo número e fazer sua abertura através de toda multiplicidade; só então Deus faz nele sua abertura e, do mesmo modo que ele faz sua abertura em mim, eu, por minha vez, faço nele minha abertura. Deus conduz este espírito ao deserto e à Unidade dele próprio, lá onde ele é o uno puro e brilha em si mesmo. Este espírito não tem nenhum porquê, sendo que se ele devesse ter algum porquê, a unidade deveria também ter seu porquê. Este espírito se situa na unidade e na liberdade.[18]

Se Deus faz sua abertura em mim como eu faço a minha nele, é porque ele não existe verdadeiramente em sua integralidade a não ser que seja ele reconhecido em sua verdade por suas criaturas. Se Deus não é Deus a não ser quando reconhecido pelo homem, o homem, por sua vez, não é homem a não ser quando reconhecido por Deus!

---

[18] S 29: AH 1, 237.

## A divinização do humano

O amplexo amoroso da alma com Deus traz conseqüência tanto para uma como para outro. A alma se encontra com isso unificada, pacificada, divinizada e Deus, pelo que lhe diz respeito, é cumulado de alegria, abrandado em seus ardores e, por assim dizer, humanizado. Isto sem que, aliás, nem Deus nem a alma percam no caso sua identidade originária. Trata-se de união, não de fusão:

> Quando recebe um beijo da divindade, a alma adquire toda a sua perfeição e sua felicidade; é então que ela é abraçada pela unidade. No primeiro contato em que Deus tocou a alma, e a toca como incriada e incriável, a alma é, por este contato com Deus, tão nobre como o próprio Deus. Deus a toca segundo ele mesmo.[19]

Além do texto já citado, no qual Eckhart se abriga por detrás da autoridade de Santo Agostinho para afirmar que o homem que ama verdadeiramente se torna Deus,[20] o místico exprime muitas vezes seguidas sua doutrina da divinização do homem. Assim, por exemplo:

> Quando Deus vê que nós somos o Filho único, ele se apressa tão impetuosamente na nossa direção, que se precipita e faz exatamente como se seu ser divino fosse despedaçar-se e aniquilar-se nele mesmo, a fim de revelar-nos todo o abismo de sua Divindade e a plenitude de seu ser e de sua natureza: Deus tem pressa de ser nosso bem próprio como ele é seu bem próprio. No caso, Deus experimenta alegria e delícias em sua plenitude. O homem é então colocado no conhecimento de Deus e no amor de Deus, não se tornando nada a não ser aquilo que o próprio Deus é.[21]

---

[19] S 10: AH 1, 112.
[20] S 5a: AH 1,71 e S 44: AH 2, 91.
[21] S 12: AH 1, 121.

Esta geração recíproca é, aliás, como Eckhart afirma freqüentemente, a única razão de ser da encarnação de Deus:

> É tão verdadeiro que Deus se tornou homem como é verdadeiro que o homem se tornou Deus. [22]

Mas a esta altura uma pergunta se coloca

> uma pergunta à qual é difícil responder: como pode a alma suportar sem morrer que Deus a estreite contra si?[23]

Além da delicada amabilidade de Deus com respeito à alma, Eckhart explica que a força da alma provém da presença vigorosa de Deus nela:

> Digo e repito: tudo aquilo que Deus lhe dá, ele lhe dá nele mesmo por duas razões. Eis uma delas: se ele lhe desse seja lá o que for que não seja ele mesmo, ela o menosprezaria. Vou dar a outra razão: porque ela lhe dá nele mesmo, ela pode recebê-lo e suportá-lo nele, e não nela, pois aquilo que pertence a ele pertence também a ela. Tendo-a subtraído a ela mesma, é preciso que aquilo que pertence a ele pertença também a ela, e aquilo que pertence a ela pertença verdadeiramente a ele.[24]

É, portanto, realmente de uma divinização da alma que se trata, pois ela recebe de seu próprio amante a mutação de ser que a torna capaz de aquiescer a seu desejo sem morrer por causa disso. Esta mutação do ser, Eckhart, em mais de um sermão, a assimila à ressurreição:

---

[22] S 46: AH 2, 102.
[23] S 47: AH 2, 108.
[24] S 47: AH 2, 109.

> São encontradas pessoas que ressuscitam completamente com Cristo [...]. São três os sinais que mostram se nós ressuscitamos totalmente. O primeiro, é se nós procuramos "as coisas que estão no alto". O segundo, é se nós experimentamos gosto nas "coisas que estão no alto". A terceira, é se nós encontramos gosto nas coisas que existem sobre a Terra.[25]

A alma que conhece o amplexo de Deus, que recebe o beijo da divindade, faz a experiência de uma alegria tão inédita, tão nova, tão intensa, tão durável, tão forte que nunca mais ela experimentará o desejo de um gosto menos nobre:

> Se uma pessoa possuísse todo um reino ou todos os bens da Terra e os abandonasse completamente por Deus, tornando-se um dos homens mais pobres da Terra; se Deus lhe enviasse em seguida tantos sofrimentos como homem algum jamais experimentara, se ele sofresse tudo isso até a sua morte e Deus lhe permitisse lançar uma única vez um olhar sobre aquilo que ele é neste poder [de gerar seu Filho nele], sua alegria seria tão grande que todo esse sofrimento e toda essa pobreza teriam sido ainda demasiado pouco para ele.[26]

A simples revelação, se nós compreendemos toda a sua riqueza, da possibilidade que nos é oferecida de nos tornarmos filhos de Deus, vale mais que todos os sofrimentos e todas as pobrezas pelos quais poderíamos algum dia ser afligidos. Se as coisas assim se passam, é porque nessa revelação tudo o que atinge a Deus é transformado de obstáculo ao conhecimento em corcel para o verdadeiro conhecimento. É, aliás, nesse sentido que Mestre Eckhart examina o verdadeiro significado do sofrimento: é ele que nos desaloja das nossas certezas e nos torna abertos à revelação:

> Eis o que se passa: aquilo que chega até Deus é transformado; por mínimo que seja ele, quando nós o transportamos para Deus, ele escapa a si mesmo. Vamos a uma comparação. Se eu possuo a sa-

---

[25] S 35: AH 2, 29.
[26] S 2: AH 1, 54.

bedoria, nem por isso eu sou a sabedoria. Posso adquirir a sabedoria, posso também perdê-la; mas aquilo que existe em Deus é Deus, isto não pode escapar-lhe. Está fixado na natureza divina, pois ela é tão poderosa que tudo aquilo que lhe é oferecido, ou é absolutamente nela inserto, ou então permanece-lhe absolutamente exterior.[27]

Aquilo que atinge a Deus é transformado por Deus em Deus, tornando-se divino. Essa mutação de ser é, no entanto, uma preservação e não uma aniquilação. A alma não se perde em Deus. É nas criaturas que ela corre o risco de se perder se ela não estabelece com estas uma justa relação. Em Deus, nada se perde. Muito pelo contrário, tudo e cada um se tornam verdadeiramente si mesmo:

> A maior perfeição consiste no seguinte: que o homem exterior seja totalmente mantido.[28]

Não aniquilado mas totalmente conservado. Mas essa preservação não é nem estagnação nem petrificação. É uma verdadeira realização de si em Deus que oferece esse mesmo Deus àquele que sofre, quando ele gera nele seu Filho. Tal realização é conversão, ação de voltar. Inicialmente polarizada pela posse ilusória das criaturas, a alma volta em seguida para si, como uma luva, e, sem negar a si própria, realiza-se na polaridade na direção de sua origem e de seu fim.

É então que o homem exterior é mantido, pois é então que ele manifesta sem imperfeição o homem interior.

E é também então que suas obras se tornam verdadeiramente boas e encantam...

> ... o prazer é o riso de Deus.[29]

Isto porque

> todas as outras obras que não são realizadas para o louvor de Deus, são como cinza diante de Deus.[30]

---

[27] S 3: AH 1, 60.
[28] S 67: AH 3, 50.
[29] S 79: AH 3, 127.
[30] *Ibid.*

# 7
# A libertação

O ser humano que põe em prática o desapego acaba sempre por obrigar Deus a entrar nele, a reavivar a fagulhazinha de sua alma e a arrastá-la para uma abertura à qual o próprio Deus por sua vez se deixa conduzir. O nascimento do Filho na alma acontece com o beijo que ela recebe da divindade. Este amplexo iniciático marca a libertação da alma. Mas o que é afinal de contas uma alma liberta? É uma alma transfigurada, uma alma ressuscitada. Mas então?

**Viver como se estivesse morto**

A pessoa liberta transformou sua antiga maneira de viver. Ela não é mais possuída pelas criaturas, crendo erroneamente possuí-las. Ela vive de alegria, de sabedoria e de conhecimento verdadeiro:

> Não merece o nome de um bom homem aquele que não mudou sua antiga maneira de viver; ele não pode receber de Deus conhecimento, sabedoria e alegria.[1]

---

[1] S 34: AH 2, 23.

O liberto é um convertido, um "regressado" que compreendeu e experimentou na própria carne que é nele que está o obstáculo, não nas criaturas:

> Se vivêssemos assim [neste humilde aniquilamento], este bem [o amor de Deus] seria manifesto em nós. Se ele nos é oculto, nós mesmos é que somos a causa disso. Nós é que somos a causa de todos os nossos obstáculos.[2]

Em resumo, a pessoa libertada vive sem oposição, sem tensão, sem desejo, sem frustração, sem cólera, sem remorso:

> O obstáculo é a oposição que uma coisa traz nela. Mas o que é uma oposição? Alegria é aflição, branco e preto estão em oposição e esta não permanece no ser.[3]

O ser é unidade, não oposição. O parecer fundado na destruição é oposição. Mas toda vida biológica, no seu próprio princípio, supõe oposições. É por isso que Mestre Eckhart chega a ponto de afirmar que:

> É preciso estar fundamentalmente morto para que nem alegria nem aflição nos afetem.[4]

A pessoa libertada vive sem oposição, como se estivesse morta. É por isso que esta mesma pessoa se tornou capaz de aceitar tudo como vindo de Deus que a conduz pela mão, sendo que somente ele ocupa sua atenção:

> Da parte de Deus! É uma questão estranha quando um doente pergunta se é da vontade de Deus que ele esteja doente. Ele

---

[2] S 5a: AH 1, 73.
[3] S 8: AH 1, 95.
[4] S 8: AH 1, 95.

pode estar certo de que é da vontade de Deus que ele esteja doente. O mesmo se diga de outras coisas. É por isso que o homem deve aceitar tudo aquilo que lhe acontece pura e simplesmente como vindo de Deus.[5]

Eis a que deve visar tudo o que se pode aconselhar ou ensinar: que o homem se deixe guiar, e não tenha em vista nada senão Deus somente.[6]

Deixar-se guiar por Deus, esta é a condição da pessoa libertada. "Uma pessoa libertada que se deixa guiar." O paradoxo deixa de sê-lo se levamos em conta que Deus permanece silencioso. Deixar-se guiar por ele é, então, e com efeito, deixar-se guiar pela centelhazinha de divindade escondida no mais profundo de nossa humanidade, centelhazinha esta cujo fogo foi avivado pelo beijo divino. Mas o que vem a ser esta centelhazinha a não ser o ser universal da humanidade? É por isso que Eckhart costumava dar a seguinte regra prática:

Se amas a ti mesmo, amas a todos os homens como a ti mesmo. Todas as vezes que amas uma única pessoa menos do que a ti mesmo, neste caso nunca amaste realmente a ti mesmo – a não ser que não ames todos os homens como a ti mesmo, em um homem todos os homens, e este homem é Deus e homem. Homem que é verdadeiramente homem é aquele que ama a si mesmo e ama todos os homens como a si mesmo, e seu comportamento é absolutamente justo.[7]

É cultivando a humanidade inteira em cada homem – "em um homem, todos os homens" – que a pessoa libertada age em conformidade com sua dignidade e uniformemente com a vontade de Deus:

---

[5] S 62: AH 3, 22.
[6] S 62: AH 3, 23.
[7] S 12: AH 1, 121.

"Uno" é a negação da negação. Todas as criaturas têm em si mesmas uma negação; uma nega que ela seja a outra. Um anjo nega que ele seja um outro anjo. Mas Deus tem uma negação da negação; ele é "Uno" que nega toda outra coisa, pois nada existe fora de Deus.[8]

Do mesmo modo que branco e preto são diferentes – não podendo um deles harmonizar-se com o outro, sendo que branco não é o preto, o mesmo se passa com alguma coisa (*icht*) e com nada (*nicht*). "Nada" é aquilo que não pode receber nada de nada. "Alguma coisa" é aquilo que recebe algo de algo. O mesmo se passa absolutamente com Deus. Tudo aquilo que é "alguma coisa" existe em Deus, absolutamente; lá nada falta. [...] É para esta união que Nosso Senhor criou o homem. Quando a alma está unida a Deus, ela tem nele, em toda a sua perfeição, tudo aquilo que é algo.[9]

A pessoa livre vive sem oposição nessa unidade selada pelo beijo da divindade. É por isso que ela não teme de forma alguma viver uma vida que supõe a morte de outras vidas:

> Um Mestre diz que nós vivemos da morte. Para que eu coma carne de frango ou de boi é preciso antes de mais nada que esse frango ou esse boi seja morto. Assim, nós também devemos tomar sobre nós nosso sofrimento e seguir o Cordeiro tanto no sofrimento como na alegria. Os apóstolos tomavam sobre si da mesma maneira o sofrimento e a alegria: é por isso que lhes parecia doce tudo aquilo que eles sofriam, e a morte lhes era tão cara quanto a vida.[10]

Isto não significa que a pessoa libertada não dê a menor atenção ao sofrimento e à morte que a ronda. Ela é, muito pelo contrário, sensível a tudo isto, sendo que sua "ataraxia", ou a ausência

---

[8] S 21: AH 1, 186.
[9] S 58: AH 2, 188.
[10] S 13: AH 1, 127.

nela de oposição, consiste mais em evitar transmitir o sofrimento e a morte lá onde isso depende concretamente dela. Mas a pessoa livre renunciou a se considerar culpável de toda violência.

A pessoa libertada nem por isso fica perturbada pelo sofrimento que constata a seu redor e nela própria. Ela não fica perturbada nem pelo sofrimento que, às vezes, ela causa a si mesma:

> Se tu és virgem, noiva do Cordeiro, e se tu renunciaste a todas as criaturas, tu segues o Cordeiro aonde quer que ele vá e não ficas desamparada nem quando teus amigos te causam algum sofrimento, ou quando tu mesmo te causas algum sofrimento.[11]

É neste sentido que se poderia considerar como eckhartiana a oração seguinte, formulada para uma celebração do perdão, e que é um testemunho prestado à honra de Deus diante do sofrimento dos homens:

**Eu reconheço humildemente que sou um homem (uma mulher) ferido(a) pelo mal que nos castiga a todos de geração em geração.**

**Estas feridas são provocadas ou reavivadas pela mão, pela boca, pelos olhos dos meus próximos. Elas doem e eu estou dizendo isso para que se reconheça em mim um ser humano ferido.**

**Sei muito bem que o mal que sofro vai muito além daquelas pessoas, homens ou mulheres, que me ferem. Sei também que estas pessoas, homens ou mulheres, são feridas por outros e principalmente por mim mesmo, cada vez que não deixo Deus ser Deus em mim.**

**Acredito que, em Jesus, Deus reconhece as nossas feridas e perdoa a cada um de nós o mal que cometemos.**

---

[11] S 13: AH 1, 127.

Creio que, apesar das minhas fraquezas, Deus se serve de mim para oferecer seu perdão aos meus próximos.

Eis por que tenho a força de oferecer o perdão de Deus a todos aqueles que me ferem ou reavivam minhas antigas feridas. Eis também por que tenho a humildade de pedir perdão a todos aqueles que firo.

Percebo que muitas feridas permanecem na obscuridade e que só um longo trabalho de conversão permitirá que eu as nomeie com justeza. Compreendo que deste modo Deus nos guia pelo caminho da reconciliação absoluta.

Eu sinto que este perdão recebido e prodigalizado hoje é um perdão ainda imperfeito. Mas compreendo também que, em sua imperfeição, ele promove o advento do Reino e assim o antecipa.

É deste modo que atesto que Deus, se eu o deixo agir, é em mim mais forte do que aquilo que em mim está contra ele.

Finalmente, a pessoa libertada é um homem ou uma mulher que vive com justeza sua relação com o mundo, com ele mesmo, com os outros e com Deus. Eckhart exprime isso a sua maneira:

> Um homem bom a quem fosse perguntado: "Por que é que amas a Deus?" – "Nem eu mesmo sei – por Deus!" "Por que é que amas a verdade?" – "Pela verdade, ora!" "Por que é que amas a justiça?" –"Pela justiça, claro!" "Por que amas a bondade?" – "Pela bondade!" "Por que é que vives!" – "Na verdade, nem eu mesmo sei dizê-lo: vivo porque estou contente de viver, e pronto!"[12]

Nem a própria pessoa libertada sabe dizer por que ela vive; contenta-se com viver! Esse é seu modo de ser: a alegria. Mas para viver na alegria é preciso estar desembaraçado das imagens. Mais ainda: é preciso ser como uma imagem, ensinava Mestre Eckhart.

---

[12] S 26: AH 1, 220.

## Ser uma imagem livre de toda imagem

"Tornar-se como uma imagem!" Este conselho poderia parecer surpreendente na boca de um pregador tão naturalmente iconoclasta como Mestre Eckhart. Mas, entretanto, ele vale seu peso de ouro. Para perceber toda a sua justeza, convém perguntar o que seja uma imagem:

> Ora, ouvi-me com toda a atenção. Aquilo que é realmente uma imagem, vós o reconhecereis por esses quatro pontos, ou talvez mais. Uma imagem não existe nem por ela mesma, nem para ela mesma; ela provém antes daquilo do qual ela é a imagem e ao qual ela pertence com tudo aquilo que ela é. Ela não é a propriedade e não pertence àquilo que é estranho àquilo do qual é a imagem. Uma imagem toma seu ser direta e unicamente daquilo do qual ela é a imagem; ela é um mesmo ser com ele e é o mesmo ser. [...] Vós perguntais freqüentemente como deveis viver. Aprendei-o aqui com aplicação. Tu deves viver da maneira da qual se falou a respeito da imagem. Tu deves existir para ele, somente para ele; não deves existir para ti, ou somente para ti; não deves existir para ninguém.[13]

Não pertencer a não ser a Deus somente é a melhor maneira de não pertencer a ninguém. Deus nos criou a sua imagem e semelhança: soberanos. Não pertencer senão a ele é uma condição de libertação. Com efeito, nós não poderíamos ser livres e ao mesmo tempo pertencer a um outro, ainda que fosse um amigo, nem a nós mesmos, tanto é verdade que pertencer a si próprio é ainda uma maneira de ser possuído por uma imagem de si. Uma imagem muito forte ilustra o que significa pertencer-se a si próprio: significa ter a língua coberta de saburra.

O que pode haver de espantoso no fato de não encontrar o doente nem um sabor nos alimentos e no vinho? Na realidade ele

---
[13] S 16b: AH 1, 150-151.

não tem o verdadeiro gosto do vinho e dos alimentos. A língua tem uma espessura, um revestimento que mistura seu gosto e a doença e que é amargo de acordo com a natureza da doença. As coisas não puderam chegar lá onde elas teriam tido sabor; elas parecem amargas ao doente e esse tem razão, pois a espessura que recobre sua língua não pode senão fazer que elas lhe pareçam amargas. Enquanto essa espessura não tiver ido embora, nada tem seu verdadeiro sabor. Toda vez que aquilo que nos separa de Deus não é descartado, nós não saboreamos Deus tal como ele é em si, e nossa vida parece freqüentemente triste e amarga.[14]

Dito de outra forma, querer pertencer-se a si mesmo é uma doença que provoca amargura e tristeza. E a pessoa verdadeiramente livre é aquela que renunciou ao desejo, que se deixou curar pelo nascimento do Filho nela, que se deixou purificar pelo beijo da divindade. Encontraremos mais adiante a idéia de uma "espessura", de uma ganga, de uma casca de noz que dificulta o verdadeiro reconhecimento. Mas por enquanto é útil perguntar-se como é possível libertar-se de toda imagem, de toda espessura capaz de nos separar da verdade. Com efeito, quer ele o queira ou não, o ser humano, enquanto está vivo, é estorvado por imagens tão diversas como numerosas. Como desfazer-se delas?

Se, portanto, eu chego a não me representar em nenhuma imagem e a não representar nenhuma imagem em mim, e se eu lanço fora de mim e rejeito tudo aquilo que está em mim, posso ser transferido para o ser "Uno" de Deus, sendo que tal é o ser puro do Espírito. Tudo aquilo que é semelhança deve ser jogado fora, a fim de que eu seja transferido para Deus e me torne um com ele, uma substância, um ser, uma natureza e o Filho de Deus. E depois que tudo tiver sido feito assim, nada está escondido em Deus que não seja manifestado ou que não se torne meu.[15]

---

[14] S 11: AH 1, 118.
[15] S 76: AH 3, 112.

> É por isso que, a fim de que sejas um com Deus, nenhuma imagem deve ser formada em ti, quer ela aí se imprima ou se exprima, ou seja, que nada de escondido que existe em ti não venha a ser manifesto e jogado fora.[16]

As imagens são inevitáveis. Mas é preciso não viver preso a elas; pelo contrário, é preciso ir-lhes ao encontro e desalojá-las enquanto imagens, para metabolizá-las e, depois, jogá-las fora.

Isto equivale a dizer até que ponto a pedagogia eckhartiana está próxima daquilo que seis séculos mais tarde será chamado de processo psicanalítico:

> Com efeito, ninguém pode conhecer a Deus se não conhece antes a si mesmo. Esse tal deve penetrar naquilo que ele tem de mais baixo e naquilo que Deus tem de mais interior; ele deve penetrar naquilo que é primeiro e mais elevado em Deus, pois é lá que se concentra tudo aquilo que Deus pode realizar.[17]

E assim mesmo poder-se-ia aliás esperar disso tudo que o mestre dominicano nos ensina como conhecer a Deus, quer dizer, em definitivo, como tornar-nos nós mesmos verdadeiramente Deus:

> Se devo conhecer a Deus sem mediação, sem imagem e sem comparação, é preciso que Deus se torne verdadeiramente eu e que eu me torne verdadeiramente Deus.[18]

Mas para isso é necessário romper até com o simbolismo que produz as imagens em nós.

Se é verdade que

---

[16] S 76: AH 3, 113.
[17] S 54b: AH 2, 163.
[18] S 70: AH 3, 70.

toda comparação é uma condição prévia [para o conhecimento],[19]

nem por isso deixa de ser verdade que

a casca de noz deve ser quebrada para que saia aquilo que ela contém. De fato, sequeres ter o fruto, deves quebrar a noz. E, portanto, sequeres encontrar a natureza em toda a sua nudez, todos os símbolos devem ser quebrados, e quanto mais alguém penetra na mesma natureza, mais próximo está do ser. E quando encontra o Uno onde tudo é um, a alma permanece neste único Uno. Quem honra a Deus? Certamente é aquele que tem em vista a honra de Deus em todas as coisas.[20]

E é neste ponto extremo de sua audácia que o místico turíngio acaba por concluir que a pessoa libertada vem a "renunciar a Deus por causa de Deus":

o mais elevado e o mais extremo a que o homem possa renunciar, é renunciar a Deus por causa de Deus.[21]

## Ver com o olho de Deus

A pessoa libertada "tem em vista a honra de Deus em todas as coisas". Que dizer disso? É aqui, segundo creio, que Mestre Eckhart procede ao último derrubamento de seu ensinamento. "Chegaremos nós a ponto de dizer que a pessoa libertada seja Deus?", perguntava ele; "sim!", teria ele respondido, abrigando-se por detrás da autoridade de Agostinho. Agora, ele nega essa afirmação e sustenta que é o próprio Deus que se torna a pessoa libertada e não a pessoa libertada que se torna Deus. Mas essa dia-

---

[19] S 51 : AH 2, 135.
[20] S 51: AH 2, 136.

lética sutil que o leva a este ponto último onde a própria existência de Deus é tênue e fica em suspenso, não se compreende senão a partir de uma educação do olhar, da formação de um olhar que fica além de todo olhar:

> A alma possui dois olhos, um interior, outro exterior. O olho interior da alma é aquele que olha dentro do ser e recebe seu ser diretamente de Deus, sem nenhum intermediário: esta é sua operação própria. O olho exterior da alma é aquele que está voltado para todas as criaturas, percebendo-as segundo o modo de imagens e o modo de um poder. Ora, o homem que se voltou para dentro de si mesmo, de maneira que conhece Deus no seu próprio gosto e no próprio fundo deste mesmo Deus – um homem como este está libertado de todas as coisas criadas; este mesmo homem está encerrado em si mesmo sob um verdadeiro ferrolho de verdade.[22]

A libertação do homem consiste na passagem do olho exterior para o olho interior, ou seja, a conversão mais exatamente possível do olho exterior no olho interior, ou ainda, a transfiguração do homem exterior em homem interior. E esta passagem, esta páscoa tem como fruto a visão, em todas as coisas, da honra de Deus:

> Quem honra a Deus? Aquele que tem em vista a honra de Deus em todas as coisas.[23]

> Considerada em Deus, uma mosca é muito mais nobre que o anjo mais elevado não o é em si mesmo.[24]

Compreende-se agora todo o alcance desta enigmática oração de Eckhart:

---

[21] S 12: AH 1, 122.
[22] S 51: AH 1, 109.
[23] S 51: AH 2, 137.
[24] S 12: AH 1, 123.

É por isso que pedimos a Deus que nos conceda estar separados de Deus, acolher a verdade e gozar dela eternamente lá onde os anjos mais elevados, a mosca e o asno são todos iguais.[25]

É no olho interior da alma, em Deus, que todas as criaturas levam consigo sua igual nobreza e dignidade.

Prestai atenção! Ficai sabendo o seguinte: aqueles que se abandonam a Deus e procuram somente sua vontade com todo o seu zelo, seja lá o que for que Deus conceda a um homem como este, é o melhor; estejas tu tão certo disso como estás certo de que Deus vive: lá está necessariamente o melhor e nenhum outro modo poderia ser melhor.

Se acontece que alguma outra coisa te parece melhor, isto não seria entretanto tão bom para ti, pois Deus quer este modo e não um outro modo, e é preciso necessariamente que este modo seja para ti o melhor modo. Seja lá doença ou pobreza ou fome ou sede, ou seja lá o que for que Deus te imponha ou não te imponha, te dê o não te dê, tudo isto é o melhor para ti; seja lá piedade ou interioridade, ou que tu não tenhas nem uma nem outra, ou o que seja que tenhas ou que não tenhas: estabiliza-te somente nesta disposição de levar em conta em todas as coisas a honra de Deus e seja lá o que for que ele te reserve então, é o melhor.[26]

Mas aquilo que vale para a criação vale também para si mesmo:

Desapega-te de ti mesmo e de todas as coisas, e de tudo aquilo que tu és em ti mesmo, e percebe-te conforme aquilo que tu és em Deus.[27]

---

[25] S 52: JQ 2, 493-494; AH 2, 148.
[26] S 4: AH 1, 63.
[27] S 24: AH 1, 207.

Perceber-se a si mesmo conforme aquilo que somos em Deus, quer dizer, perceber-se a si mesmo com Deus, como pai, como insondabilidade, como inominabilidade, como unidade, que outra coisa significa senão ser verdadeiramente libertado?

É aqui, aliás, que convém sublinhar que os sermões do dominicano não adquirem todo o seu sentido a não ser no conjunto de um processo pedagógico que ele propunha às monjas cuja formação espiritual lhe era confiada.

Isto equivale a dizer como o diálogo é importante na prática eckhartiana. O pregador não o tematiza como tal. Ele parece estar satisfeito com praticá-lo. Ele não impede que a regra de ouro de um acompanhamento como este poderia ser expressa assim: considerar sempre o outro em Deus.

A verdadeira relação entre o Mestre e o discípulo pode aliás ser estendida a toda relação humana marcada com o selo da verdade. Simplesmente, cada um será nela sucessivamente, como na amizade, por exemplo, o Mestre do discípulo é o discípulo do Mestre.

É preciso, com efeito, o olho interior para que à força de afeição, de respeito, de confiança, de delicadeza e de ternura, o outro invente o meu verdadeiro rosto e solicite a minha conversão. E o meu protesto sincero, que ele não me conhece realmente tal como sou, que este rosto é demasiado nobre para mim, que eu continuo sendo mentiroso e gozador, virá a deteriorar-se sobre sua perseverante indulgência. E eu acabarei por juntar-me de novo ao meu rosto interior porque o outro, Mestre ou amigo, terá sensibilizado em mim um ser escondido, cuja existência queria eu ignorar, mas que não poderá impedir-se de surgir um dia, uma vez que ele é verdadeiramente solicitado. O outro deste modo faz nascer em mim o filho! O outro então é graça sobre graça e quanto a mim, ele me dá a partir de Deus a graça de ser libertado. É isto que é a criação, a criatividade do amor, a fecundidade da amizade em Deus.

Mas para além do rosto interior do outro, está o rosto de Deus que Eckhart nos exorta a ver com o olho de Deus: a fagulhazinha da alma é um poder que, quando é reavivado, agarra a Deus no seu vestiário.[28]

Os anjos mais elevados agarram a Deus no seu vestiário antes que ele seja revestido de bondade e de justiça ou de qualquer outra coisa que possamos exprimir por meio de palavras.[29]

De fato, a bondade e a justiça são um vestuário de Deus, pois elas o envolvem. Por isso tirai de Deus tudo aquilo que o envolve e agarrai-o em sua nudez, em seu vestiário, sem nada que o cubra e em toda a sua pureza, tal como ele é em si mesmo.[30]

Tal é a condição do beijo da divindade e do nascimento do Filho na alma: abraçar a Deus em toda a sua nudez,

na qual ele se agarra a si mesmo.[31]

Mas um tal abraço provoca uma nova oscilação. Eckhart costumava dizer: "Assim vós permanecereis nele" e não mais: "Assim ele permanecerá em vós". Este derrubamento discreto da frase anuncia uma nova e grande mudança de ser que aguarda a alma abraçada por Deus: a libertação.

Eu escrevi um dia em meu livro: o homem justo não serve nem a Deus nem às criaturas, pois é livre, e quanto mais ele está próximo da justiça, mais ele mesmo é a liberdade, mais ele é a liberdade.[32]

A pessoa libertada *é* a liberdade! Mas se as coisas assim se passam, o que vem a ser Deus? O que resta da vontade de Deus?

---

[28] S 11: AH 1, 117.
[29] S 59: AH 2, 196.
[30] S 40: AH 2, 63.
[31] *Ibid.*
[32] S 28: AH 1, 232.

Vede o que um homem bom pode quando está junto de Deus. É uma verdade certa, uma verdade necessária: aquele que dá totalmente a Deus sua vontade granjeia Deus, ata Deus, de maneira que Deus não pode nada a não ser o que pode o homem.

Àquele que dá totalmente a Deus sua vontade, Deus dá em paga sua vontade tão totalmente, tão verdadeiramente, que a vontade de Deus se torna o bem próprio do homem, e Deus jurou por ele mesmo que ele não pode nada a não ser aquilo que o homem quer; porque Deus não se torna o bem próprio de pessoa alguma que não se tenha tornado primeiro seu bem próprio para ele, Deus.[33]

É por isso que o homem humilde não tem necessidade de pedir nada a Deus; ele pode dar ordens a Deus, pois a altura da divindade nada pode considerar a não ser na profundeza da humildade, pois o homem humilde e Deus formam uma só pessoa e não duas. Esse homem humilde tem Deus em seu poder tanto quanto Deus tem poder sobre ele mesmo.[34]

Compreende-se, pois, como, meditando a respeito do rebaixamento de Deus, o místico tenha pressentido seu próprio destino:

O homem que deixou a si mesmo é tão puro que o mundo o não pode sofrer.[35]

Eu pensava evidentemente que Deus devia ser privado de sua sublimidade, não absolutamente, mas antes interiormente, o que significa um Deus rebaixado; isto me agradou de tal forma que eu o escrevi no meu livro. Isto significa, um Deus rebaixado, não

---

[33] S 25: AH 1, 212.
[34] S 15: AH 1, 140 e S 14: AH 1, 135.
[35] S 28: AH 1, 232.

absolutamente, mas interiormente, a fim de que sejamos elevados. Aquilo que estava no alto se tornou interior. Tu deves ser interiorizado por ti mesmo, em ti mesmo, a fim de que ele esteja em ti. Não que tomemos alguma coisa daquilo que está acima de nós; devemos antes tomá-lo em nós e tomá-lo de nós mesmos em nós mesmos.[36]

Dito de outra forma, é o próprio Deus que se tornou íntimo da pessoa libertada.

---

[36] S 14: AH 1, 136.

# Posfácio

Quer Deus exista quer não, será que vale a pena passar a vida procurando-o?

Esta questão, sensível ao coração senão ao espírito, exige do corpo uma resposta clara. Afinal de contas, é da vida e de seu sentido que se trata, e não apenas de uma abstração qualquer para uso dos filósofos e dos teólogos.

A este respeito, as respostas convencionadas pecam por excesso e, por isso mesmo, são insuficientes.

O *Deus existe, eu o encontrei* de André Frossard é acompanhado muito freqüentemente da requisição de Deus sob a bandeira de interesses muito particulares.

Quanto ao *Deus está morto, tudo é permitido* de Nietzsche, se exprime um salutar desprendimento com respeito às teocracias de todas as ordens, por outra parte falta-lhe em definitivo a exigência fundadora da humanidade, cuja súplica universal se pode ler no profundo mais singular de cada um de seus membros.

Por certo, a humanidade não acontece enquanto humanidade a não ser à medida que, na verdade, o homem vai além do próprio homem. Eckhart, aliás, fazia sua a fórmula de Sêneca:

É desprezível o humano que não se eleva acima do humano[1].

---
[1] S 53: AH 2, 152.

Mas o super-homem nietzscheano não passa da hipérbole de uma singularidade exacerbada.

Eckhart havia pressentido o perigo desta ilusão e, quatro séculos antes de Kant, acentuava já a salutar necessidade do trabalho do universal no mais profundo do singular.

Com toda a lucidez, é preciso admitir que a existência de Deus nada muda com relação àquilo que é permitido ou proibido.

Tudo aquilo que honra verdadeiramente a Deus, quer dizer, sem o seqüestrar de forma alguma, engrandece o homem. E tudo aquilo que engrandece verdadeiramente o homem constitui uma homenagem à justiça de Deus.

É nisso, e somente nisso, que se encontra o critério da vida prática. Mestre Eckhart formulou isso em toda a sua clareza; trata-se em cada ocasião de discernir em mim a humanidade em si mesma, discernir-me enquanto humanidade:

> Ser-me-ia possível adquirir a maior união que Cristo possuiu com o Pai, se eu pudesse livrar-me disso ou daquilo e perceber-me enquanto humanidade. [...] Digo-o e repito: a humanidade existe no homem mais pobre e desprezado tão perfeitamente como no papa ou no imperador, pois a humanidade em si me é mais cara que o homem que trago em mim mesmo.[2]

É a este trabalho do universal existente no mais profundo de sua própria singularidade que está chamado cada um de nós, sequer merecer o nome de homem.

Se, a despeito de certas formulações que, tiradas de seu contexto, puderam ser julgadas obscuras, a fé religiosa de Mestre Eckhart continua sendo católica, é forçoso reconhecer que sua intenção fundamental é "transreligiosa".

Sua filiação à Igreja católica, da qual ele era um dignitário, era para ele uma raiz alimentadora, mas não um estafermo, um ponto de partida, mas não um ponto final.

---

[2] S 25: AH 1, 214-215.

Só lhe importava a procura da honra de Deus em todas as coisas!

Mas, finalmente, este Deus, cuja honra cultivamos, de fato existe ou não?

A aposta de Pascal pôde iludir muita gente durante algum tempo; esta aposta propunha que vivêssemos como se Deus existisse, pois afinal de contas nada teríamos a perder.

Parece-me, portanto, que a pregação do Mestre dominicano, três séculos antes de Pascal, convida-nos a arriscar desde agora a aposta inversa: viver como se Deus não existisse!

Não seria esta, com efeito, a mais segura maneira de não seqüestrá-lo?

Viver como se ele não existisse, embora esperando por ele. Fingir ignorá-lo "vigiar sua tossidela" por detrás da moita", não seria finalmente a mais sutil maneira de obrigá-lo a revelar seu próprio jogo? A mais respeitosa pedagogia de sua autonomia, como da nossa? É a mais radical prática do desapego?

*Mirmande, Casa provincial, fevereiro de 1989;*
*Malcèsine sul Garda, Vêneto, agosto de 1990.*

# Bibliografia*

### Edição crítica

*Die deutschen Werke (Predigten und Traktate)*, sob a direção de Josef QUINT (texto em alemão do século XIV, variantes e tradução em alemão moderno), 4 volumes nas Ed. W. Kohlhammer em Stuttgart.

### Traduções francesas

Jeanne ANCELET-HUSTACHE, Éditions du Seuil, Paris.
*Les Traités*, 1971;
*Les Sermons* 1 a 30, 1974;
*Les Sermons* 31 a 59, 1974;
*Les Sermons* 60 a 86, 1979.

Paul PETIT, Gallimard, Paris, 1942: *Oeuvres. Sermons, Traités.*

---

* Só são citadas as obras utilizadas. Poder-se-ão encontrar no primeiro volume das traduções de Jeanne Ancelet-Hustache todas as indicações complementares necessárias para um estudo mais aprofundado do místico dominicano.

**Introduções e comentários**

Jeanne ANCELET-HUSTACHE, *Maître Eckhart et la Mystique rhénane*, Éd. du Seuil, Paris, 1956.

Vladimir LOSSKY, *Théologie negative et connaissance de Dieu chez Maître Eckhart*, Vrin, Paris, 1973.

Reiner SCHÜRMANN, *Maître Eckhart ou la Joie errante*, Éd Planète (difusão Denoël), Paris, 1972.

**Traduções brasileiras**

*Sobre o desprendimento e outros textos.* São Paulo. Martins Fontes. 2004

*Livro da divina consolação e outros textos selectos.* Petrópolis. Vozes. 1999

*O livro da divina consolação e outros textos seletos.* Tradução: Raimundo Vier, Fidelis Vering, Leonardo Boff, Emmanuel Carneiro Leão, Gilberto Gonçalves Garcia, Introdução: Leonardo Boff. Editora Universitária São Francisco, 2005.

## A CONDIÇÃO CRISTÃ

**Estar no mundo sem ser do mundo**
Paul Valadier
*288 p. – formato 14 x 21 cm - brochura*

Ao tentar definir a "condição cristã", o autor aborda, neste livro, um tema de extrema atualidade e importância. O que define o ser cristão diante da barbárie de um mundo em que as referências éticas parecem cada vez menos fazer sentido, cedendo terreno para um pluralismo libertário e, às vezes, libertino? Quais as referências que dirigem o cristão em seu estar no mundo sem lhe pertencer? É justamente partindo do paradoxo da ética cristã, ser do mundo sem lhe pertencer, que o autor procura responder a essas questões.

## COM O CORAÇÃO EM CHAMAS

*Meditação sobre a vida eucarística*
Henri J. M. Nouwen
*80 p. – formato 14 x 21 cm – brochura*

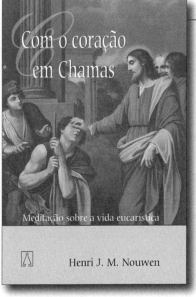

Somos convidados a refletir. Nouwen fala consigo e com seus amigos sobre a Eucaristia, tecendo uma rede de conexões entre a celebração da Eucaristia e a experiência humana cotidiana. O evento eucarístico revela as experiências humanas mais profundas, as de tristeza, atenção, convite, intimidade e engajamento, o que resume a vida que somos chamados a viver em nome de Deus. Como base em suas reflexões sobre a Eucaristia e a vida eucarística, o autor usa a passagem bíblica dos discípulos que caminharam para Emaús e de volta para Jerusalém.

## CRISTO, NOSSA PÁSCOA

François-Xavier Durrwell
*208 p. – formato 14 x 21 cm - brochura*

A redenção é o mistério pessoal de Jesus, seu drama de homem-Filho de Deus que, nascido na solidariedade com a humanidade pecadora, entrou, por sua morte, na plenitude da filiação. Cristo, por sua morte e ressurreição, tornou-se a salvação do mundo, no qual os homens são convidados a entrar. Este é um livro-síntese do pensamento desse renomado autor sobre o mistério pascal de Cristo.

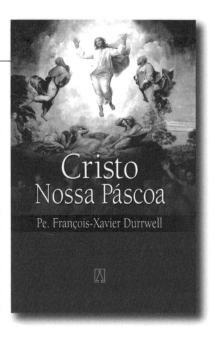

## O DEUS DO ACOLHIMENTO

Peter Ward
Coleção Fonte de vida 7
*184 p. – formato 14 x 21 cm – brochura*

Com o seu próprio testemunho e depois de muitos anos como diretor espiritual, o autor identificou o processo de desenvolvimento espiritual da maioria das pessoas. De uma profunda insatisfação com a vida, motivados por um fato catalisador, passam a enxergar as coisas de uma maneira diferente. Aí vem a descoberta de Deus, da oração, e de si mesmos. Assim, fecha-se o processo de auto-conhecimento e do verdadeiro sentido da vida.

Você tem em suas mãos um livro da EDITORA SANTUÁRIO. Sem dúvida, gostará de conhecer os outros livros que publicamos e de receber informações sobre nossos próximos lançamentos. Para isso, basta que nos mande preenchida a ficha abaixo, para o endereço:

**EDITORA SANTUÁRIO**
Rua Pe. Claro Monteiro, 342
12570-000 – Aparecida - SP

---

Nome: ..........................................................................................................................

CPF: .................................................... Sexo: ☐ Fem. ☐ Masc.

Data de nascimento: ___ / ___ / _____ Estado civil: ..................................

Escolaridade: ............................................... Profissão: ...............................

Endereço residencial: ...................................................................................

Cidade: ................................................................ CEP: ................................

Tel. Res. ........................ Fax: ........................ E-mail: ................................

Endereço comercial: .....................................................................................

Cidade: ................................................................ CEP: ................................

Tel. Res. ........................ Fax: ........................ E-mail: ................................

De que forma tomou conhecimento deste livro?
☐ Jornal     ☐ Internet     ☐ TV             ☐ Indicação
☐ Revista    ☐ Rádio        ☐ Mala Direta    ☐ Outros

---

Endereço para recebimento de correspondência: ☐ Residencial ☐ Comercial

Indique suas áreas de interesse:
☐ Religião    ☐ Vida de santos  ☐ Mariologia  ☐ Espiritualidade  ☐ Liturgia
☐ Auto-ajuda  ☐ Devocionários   ☐ Catequese   ☐ Bíblia           ☐ Teologia

☐ Economia   ☐ Filosofia   ☐ Psicologia   ☐ Sociologia   ☐ Direito

---

**Outras maneiras fáceis de receber informações
sobre nossos lançamentos e ficar atualizado:**

- ligue grátis: 0800 16 00 04 (de 2ª a 6ª feira, das 8 às 17:30 horas)
- mande um e-mail para: vendas@redemptor.com.br
- visite nosso site www.redemptor.com.br